Camino al cielo
Memorias de un piloto patagónico

A mis hijos:
Daniel Esteban †, Daniel Roy, René Esteban †
Vilma Sonia, Graciela Raquel y Rosita
Mis nietos:
Ailin, Pablo, Santiago, Federico, Roy, Nadia,
Lucas, Elizabeth, Cristian, Jemima † Selenne,
Bianca, Marcos †
Mis bisnietos:
Sofía, Olivia

Roy Pedro Wegrzyn

Wegrzyn, Roy Pedro

Camino al cielo : memorias de un piloto patagónico / Roy Pedro Wegrzyn ; edit
por Daniel Roy Wegrzyn.- 1a ed adaptada.- Cholila : Daniel Roy Wegrzyn, 2019.

140 p. ; 23 x 15 cm.

ISBN 978-987-86-2402-0

1. Autobiografías. I. Título.
CDD 808.8035

Autor:
Roy Pedro Wegrzyn

Contacto:
roypwegrzyn@gmail.com

ISBN: 978-987-86-2402-0

No obstante quiero mencionar a alguien que me ha acompañado en este último tramo de mi vida, soportando y tolerando unirse a una persona ya formada, llena de mañas imposibles de cambiar, y ella es mi segunda esposa Ana Simoneta.

"Hay locos que locos son, hay locos que locos se hacen, y hay locos que locos hacen a los que locos no son..."; le recitó Roy al Cachi Viana mientras me miraba debatiéndome hasta el agotamiento para sacar a mi balsa encajada entre los coihues hundidos en el agua helada del río Rivadavia.

Un mes antes, en su casa de Esquel, Roy me había dicho que lo que pretendía hacer era una locura, que podía tener consecuencias fatales dado lo primitivo y precario de mi transporte y equipo, y las dificultades naturales del terreno agravadas por la época en que me empeñaba en llevar a cabo la expedición.

Aun así, decidió acompañar con sabios consejos a la tozuda arrogancia de mis veinte años y durante mi travesía, en el tramo que consideró de mayor peligro me acompañó remando a prudente distancia en su canoa blanca resguardándome ante un eventual accidente.

Después de todo "el tío Roy" -como cariñosamente lo he llamado desde chico- había sido con su expedición al Vodudahue, junto a Jacques Cousteau y Alfredo Barragán, uno de los principales inspiradores "culpables" de mi pasión por la aventura.

Y a esa locura húmeda y fría de mi balsita de troncos le siguieron algunas otras aéreas y terrestres en las que estuvimos codo a codo, y proyectos de aventuras todavía más osadas que quedaron archivadas en el tiempo para ser completadas algún día, quizá en un nuevo y distante renacer.

En el aeropuerto de Esquel que me vio dar mis primeros pasos, mi padre y Roy eran compañeros de trabajo, y junto a su esposa Emma marcaron durante mi temprana infancia una clara y cálida impronta de familia que siempre atesoré, y con sus hijos René, Dany, Rosita, Vilma y Tuti, me ha ligado desde siempre un inexplicable pero fuerte sentido fraternal.

Mucha agua ha corrido desde entonces bajo el puente. Casi medio siglo de escuchar relatos; de ser espectador lejano y testigo inmediato de tantas obras, acciones y experiencias que lo han tenido a Roy como protagonista y que han enriquecido las historias de vida de muchos seres a lo largo y a lo ancho del camino.

Celebro calurosamente esta biografía suya aun sabiendo que es parcial, ya que tantas anécdotas habrán quedado en el tintero transparente de ese olvido que con el pasar del tiempo se vuelve, boca a oído, en escritura indeleble de leyendas.

Muchos la anhelábamos y le agradezco infinitamente haberse hecho el tiempo en su vuelo, hoy más preciso, solitario y lento, en el viraje suave y la aproximación final de su existencia, para hurgar en su mente y obsequiarnos sus memorias.

"Por sus frutos los conocerán", nos dice ese Dios en cuya Fe Roy ha vivido inmerso y cree, y cuya enseñanza nos imparte, nos contagia y enriquece a través de la prolífica experiencia de su vida, ejemplo gigante en los tiempos que corren, de alguien que ha sido y es, sin interponer excusa alguna, en su extensión total, en su sentido más amplio y cabal, nada menos que un Hombre de Bien.

Roberto Bubas
Puerto Madryn, 9 de octubre de 2019

Es un frío día de invierno, pero el crepitar de los leños en el fogón me da una hermosa sensación de bienestar. Miro por la ventana de mi cabaña y hacia el sur veo la montaña, tan familiar, pero tan cambiante, cubierta ahora de nieve casi hasta la base. Aprecio este hermoso paisaje, sobre el lago Cholila al noroeste de la provincia del Chubut, donde he tenido el privilegio de vivir una parte de mi tiempo en este mundo, y donde he determinado ahora, que es el lugar adecuado para recorrer en recuerdos esta vida, palmo a palmo, desenvolviendo mi devenir para volcarlo en estas páginas.

El ruido de un avión volando bajo me saca de mi ensimismamiento. Dejo mi pequeño e improvisado escritorio y sin pensar, salgo afuera gobernado por el impulso que acompaña a casi todos los pilotos al escuchar el motor de una aeronave. Es Dany, mi hijo mayor, que desde un Cessna 206, sabiendo con certeza que provocaría este acto de salir y mirar el cielo, gira sobre mí y mueve las alas saludándome.

En unos pocos meses cumpliré 87 años y estoy haciendo un esfuerzo por hacer un *racconto* de mi vida y una evaluación de mis actos. Quiero contar de mi pasión aeronáutica y el paso por mi querida institución, la Fuerza Aérea Argentina, que me contuvo en toda mi carrera militar hasta mi retiro. Aprovecho estas páginas también para hacer conocer la expresión de mis pensamientos y dejar sentado mi agradecimiento a Dios por haberme hecho objeto de su infinita generosidad.

Siento que Él me ha dado una vida rica, traducida no sólo en buenos momentos, una profesión que he conservado y amado desde el principio, sino también porque me ha bendecido con una gran familia con hijos, nietos y aún bisnietos. Y ha sido mi soporte ante la pérdida de mi primer hijo al poco de nacer, de mi amada esposa luego de 40 años de matrimonio y hace muy poco, ante el fallecimiento de otro de mis hijos y dos de mis nietos. Esta fe que profeso no sólo es mi soporte, sino que me da la certeza del reencuentro con mis seres queridos cuando finalice este andar.

Vuelvo a mis notas donde voy registrando en forma desordenada mis vivencias en la medida que vienen atropelladamente a mi memoria.

Aparecen en forma nítida o en forma fragmentaria. Se acercan lúcidamente con mucho detalle o más o menos vagas. Recuerdo el nombre de mis perros cuando era chico y en ocasiones me cuesta recordar el nombre de un camarada o un amigo cercano. Las vuelco página tras página en un gran cuaderno.

Mis hijos me regalaron una computadora pero me he negado a la informática lo que implicará una mayor labor si he de editarlo como un libro. Pero no importa si no llega a publicarse. Quedarán asentadas en este cuaderno de mi puño y letra ante quien se atreva a interpretar, según mis nietos, mi casi ilegible caligrafía.

Cuando el avión me interrumpió, mientras contemplaba la montaña, recordaba mis recorridas por la cordillera, particularmente cuando buscábamos las cascadas del Vodudahue, descubiertas por Fray Luis Menéndez, descritas en sus crónicas y nunca más re-descubiertas hasta que, con un grupo de expedicionarios, llegamos hasta ellas y nos sorprendimos como lo seguramente lo hizo Menéndez ante tan magnífica belleza.

También he disfrutado mucho volar sobre la montaña. Bajo la preocupación constante de disponer de lugares adecuados para un eventual aterrizaje de emergencia, tengo incorporado el hábito de identificar y registrar esos lugares aptos para ser usados ante una contingencia de este tipo.

Así fue como, en una de esas excursiones, luego de avanzar dificultosamente por el bosque valdiviano, encontramos un pequeño claro a unos 1.200 mts. de altura. Hermoso. Lo bautizamos "Valle de Don Modesto", en honor al padre de Quelo Arriola, mi compañero de aventuras de toda la vida.

Aunque el pequeño valle, de modesto no tenía nada, tal era la magnificencia del paisaje. Y a mis ojos era una pista de aterrizaje y me dispuse a marcarla con piedras. Conté los pasos y estimé en 120 mts. la longitud. No contábamos con Gps en ese entonces, pero anoté las referencias físicas e hice un punto en el mapa.

También evalué las posibilidades de aproximación y escape, las montañas que la rodeaban. Sería mi pista de emergencia. Y cada vez que volaba por la zona aprovechaba para acercarme e imaginar que en un eventual contratiempo no dudaría en utilizarla.

También era un buen lugar para aterrizar con un helicóptero, y muchas veces me descubrí pensando que aún de viejo, me gustaría volver a esas cascadas. Y si mi avanzada edad no me lo permitía por el enorme esfuerzo físico que ello significaba, quizás tuviera una buena posición económica, o un amigo millonario, dueño de una de esas aeronaves que me llevaría hasta allí, muy cerca de los grandes saltos del Vodudahue.

Pero la circunstancia fue otra distinta a la de mis sueños. Muchos años después, se conjugaron una serie de situaciones y esa acción de marcar el lugar, salvaría la vida de un integrante de una patrulla de Gendarmería Nacional.

RESCATE EN LA CORDILLERA

Fue a mediados de los '80. Recibí un mensaje de la jefatura local de Gendarmería. Unos años antes había trabajado codo a codo con ellos, organizando la pista y las instalaciones en la localidad de José de San Martín, al sur de Esquel, para el establecimiento de una escala de la línea aérea LADE, que incluiría a esa localidad y la de Gobernador Costa en sus servicios.

Al llegar a la oficina del comandante, me invitó a sentarme y me hizo saber que estaban en una emergencia. Había enviado unos 10 días atrás una patrulla para revisar los hitos y uno de los gendarmes se había accidentado gravemente.

Quien estaba a cargo era el alférez Melagrani, con quien habíamos compartido algunas excursiones y éste había solicitado mi intervención para organizar una patrulla de rescate. El gendarme accidentado había caído desde unas rocas y estaba muy golpeado e imposibilitado de caminar y las comunicaciones eran inquietantes, ya que se sugería un principio de gangrena.

El comandante me hizo saber que había preparado un equipo de rescate por tierra, en el que habían previsto una camilla y me pedía que los supervisara y si era posible, que los acompañara a modo de guía. ¿Una camilla? Imposible transitar en el bosque valdiviano con ella, con un sotobosque denso de caña colihue al que se sumaría, en la medida que se adentraran, la caña quila, una caña trepadora que, a modo de red, apenas permite el paso de una persona, con enorme dificultad, enganchando continuamente la mochila.

Imaginaba el tránsito de la patrulla, además de luchar contra la densa vegetación, debiendo cruzar un río de glaciar con el agua a la cintura, por lo menos en cuatro oportunidades. Imposible. Había que pensar en otra alternativa.

Ya habían descartado el rescate desde un helicóptero dado que estaba en reparación en Buenos Aires. No disponían de ese medio de transporte y no tenían más opción que buscarlo por tierra.

Cuando me indicó el lugar, me di cuenta que era muy cerca de la "pista" que yo había marcado y le planteé un rescate con un Pilatus Porter, una aeronave STOL (Short Take-Off and Landing) y de gran potencia que permite despegues y aterrizajes muy cortos, un avión que sabía que Gendarmería disponía.

Pero éstos tampoco estaban disponibles.

Ante esta nueva posibilidad y luego de una rápida búsqueda por el país, conseguimos que una aeronave de esas características que disponía la Armada Argentina, se pusiera inmediatamente a nuestra disposición, bajo la única condición que debía ser comandada por un piloto de la Marina.

Al día siguiente un Pilatus PL 6A "Turbo Porter" llegó a Esquel. Lo estábamos esperando en el aeropuerto. Le expliqué la situación al piloto y sin mediar más trámite, quitamos todo el peso posible del avión. Incluso el mecánico asignado debió quedarse en tierra para que yo ocupara su lugar.

Despegamos y de inmediato el piloto, Hugo Pascual, me despertó una gran empatía. Después de muchos años como instructor de vuelo he desarrollado una notable capacidad para identificar a quien lleva la aviación en el alma.

Me di cuenta enseguida ,que quien estaba sentado a mi lado era un profesional, apasionado por el vuelo, y dotado de una gran habilidad en el uso de los comandos. Desde ese momento sentí que, sin dudas, la misión sería exitosa.

Mientras navegábamos con rumbo Oeste, lo fui poniendo en autos de la situación y en la medida que nos acercábamos a la cordillera de los Andes, me comentó que tenía una gran experiencia en el vuelo sobre el mar y aterrizaje en portaaviones, pero que nunca se había acercado a la montaña. A pesar de que no se amilanó en absoluto, al ser una nueva experiencia, le costaba ubicarse entre los valles y los picos nevados y habituarse a la proximidad de los riscos. Me pidió que lo dirigiera y ubicara el lugar de rescate.

Una vez llegados hasta el lugar, procedimos a sobrevolarlo para planear la estrategia de aterrizaje. Identifiqué de inmediato la pista, pero me resultaba difícil mostrársela a él, el lugar exacto y que lo viera tan claramente como lo veía yo.

Nuestra comunicación radial con la patrulla de tierra era indirecta, a través de la base de Gendarmería, pero pudimos pedirle que dispusieran sus uniformes colorados marcando las dos cabeceras. Finalmente, el lugar tomó forma de pista y se definía claramente dónde comenzaba y dónde terminaba.

No obstante, la aproximación no era sencilla, había que salvar una pequeña loma cubierta de lenga achaparrada y apenas quedaba ruta de escape. Hicimos cinco o seis intentos, cada uno más cerca y pude apreciar, no sólo la habilidad del piloto sino las prestaciones del avión, que ante cada intento fallido a muy baja velocidad, a una altura donde el aire es poco denso y reduce la sustentación, se colgaba del motor a plena potencia y recuperaba, en virajes increíbles, para incorporarse a un nuevo circuito.

En el último intento, el piloto gritó - ¡Ahora! ¡La tengo! Tocó tierra y activó inmediatamente el inversor del turbohélice frenando en pocos metros, ante la algarabía de la gente de la patrulla, que vivieron con enorme intensidad nuestros intentos de aterrizaje.

ARMADA

Sin detener el motor, bajamos los elementos de auxilio que habíamos llevado para acondicionar al accidentado y mientras lo preparaban, procedimos a recorrer la pista. Tenía menos longitud de lo que yo había estimado en su momento. Calculamos 90 m escasos. Pero en el frente teníamos una barrera de árboles, por lo que debíamos reducir peso. Como Hugo no sabía cuánto tiempo íbamos a volar había llenado los tanques antes de salir, por lo que ahora debíamos quitar combustible.

Algunos gendarmes estaban agotados física y emocionalmente por lo accidentado de la expedición y tenían expectativas de subir a este vuelo. Fue duro decirles que sólo podía hacerlo quien estaba accidentado y no podía caminar. Finalmente, el comandante hizo un rápido cálculo mental de peso y balanceo y, pidiendo que abandonen la mayor parte del equipo, les hizo lugar en el avión.

La operación fue muy rápida. Con el motor en marcha, a bajas revoluciones, corrimos el avión entre todos hacia atrás, incluso metiendo la cola en un pequeño arroyo, para disponer la mayor longitud de pista posible. El viento estaba en calma, hermoso para volar, pero ¡qué bien hubiera venido un poquito de viento de frente en esta situación!

El piloto enfrentó la pista desde la improvisada cabecera, frenado aplicó plena potencia y lo lanzó hacia adelante poniendo completamente a prueba sus condiciones. La pista fue suficiente para permitirnos desprendernos del suelo, pero para no perder velocidad tuvo que nivelar un tanto, lo que significó que barriéramos parte del follaje superior con el tren de aterrizaje y los montantes. Muchas de estas ramitas nos acompañaron hasta Esquel.

Luego del despegue, hubo un estallido de aplausos y gritos. La tensión que embargaba a todos era muy grande y comenzaba a liberarse. Pusimos rumbo a Esquel y Hugo me pidió que me hiciera cargo de los comandos. Necesitaba relajarse, fumar un cigarrillo y dejarse llevar. El vuelo sobre los lagos del gran Parque Nacional Los Alerces fue hermoso. Volé el Pilatus hasta Esquel y antes de aterrizar, devolví los comandos. Esa noche hubo un gran asado en el escuadrón. Festejando doblemente. El rescate exitoso y el descarte del diagnóstico de gangrena y fantasma de amputación. El accidentado se recuperaría rápidamente.

Relato de Hugo pascual.

Era enero de 1986. Estaba de guardia en la base aeronaval de Trelew. En ese tiempo, volaba tres aviones, el Porter, un Electra y el Beechcaraft B80. Era uno de los dos instructores del Porter,

En la noche del día 21 recibí una instrucción de que debía despegar muy temprano al día siguiente hacia Esquel, y me notifican que recibiría instrucciones una vez arribado.

El Porter de Gendarmería estaba sin servicio en Trelew. Había un gendarme accidentado en la cordillera y debía ir, y evaluar si era posible el aterrizaje para rescatar a esta persona.

El día 22 de enero, según obra en mi registro de vuelo, a las 7 de la mañana, con mi copiloto, de apellido Fernández, y un mecánico de apellido Zapata despegamos para Esquel.

El vuelo fue muy largo merced al viento de frente, duró poco más de tres horas y media.

En Esquel estaba muy bueno. Aterrizamos y nos dirigimos a plataforma. Allí nos estaba esperando gente de Gendarmería Nacional y un piloto local, suboficial retirado de la Fuerza Aérea, Don Roy Wegrzyn a quien tengo muy grabado con su gorra celeste, quien enseguida desplegó un mapa, me indicó el lugar, y me habló de la factibilidad de operar allí para .

En el aluvión de explicaciones, yo no entendía demasiado, no conocía la zona, pero él me aseguró que se podía ir, que había aproximado con su avión, que había hecho una expedición al lugar con otros andinistas y que había marcado un lugar para un eventual aterrizaje. Me explicó que integraba la patrulla un oficial de gendarmería, que había visitado con él ese lugar y que habían improvisado una camilla y nos esperaban en ese punto.

Todo igualmente me resultaba bastante confuso, pero me entendí que pretendían que haga un aterrizaje en el medio de la cordillera.

Sin tener muy claro si mis interlocutores fantaseaban y si conocían las prestaciones y limitaciones del avión que yo volaba, la realidad era que había un hombre accidentado y no había alternativas para socorrerlo.

Sin más tomé la decisión de cargar completo de combustible, aún los drops o tanques auxiliares dado que no sabíamos cuánto íbamos a volar. A efectos de liberar peso también quitamos los asientos y decidí dejar a mi copiloto y mecánico y que Roy ocupara su lugar.

Despegamos con destino al lugar que Roy me indicaba, sobrevolamos la ciudad de Esquel, el lago Futalaufquen y nos adentramos en la montaña. Una vez localizada la improvisada pista, le hicimos varias aproximaciones. Yo estaba muy entrenado. En Tierra del Fuego, en Ushuaia y Río Grande practicábamos constantemente maniobras de aproximación y despegues en campos cortos, en los fuertes vientos patagónicos. Pero este campo era muy corto, en medio de la montaña, en altura, con barreras de árboles y a todas luces bastante desparejo.

Ese día estaba muy calmo en la zona. Eso nos ayudó en el aterrizaje, dado que no había que prestar atención a la turbulencia, al viento y el avión respondía a una performance de manual.

El avión era un heli porter, con tremendas virtudes y capacidad, con una hélice con un paso muy adecuado a la circunstancia y pude valorar la práctica que había estado haciendo recientemente en la pista de Trelew, situándonos a mil pies sobre la cabecera, poniendo Beta y aterrizando sobre las primeras lajas de la pista.

Luego de varias aproximaciones, aterrizamos muy bien y pude detener el avión en muy pocos metros.

Sin detener el motor, tomamos contacto con la patrulla y planificamos el despegue.

Con los gendarmes que estaban bien y Roy, empujamos hacia atrás el avión con la turbina en funcionamiento hasta una suerte de barranco y le pusimos una piedras detrás de las ruedas para evitar que el avión se nos fuera en la ladera.

Recorrimos la "pista". Se veía muy difícil, por la forma, por lo irregular del suelo y por el frente cubierto de árboles. En uno de los extremos salía un arroyo al lado del glaciar. La verdad es que me preocupé y decidí quitar todo el combustible innecesario. Con unos palitos vaciamos los drops, y la idea era sacar sólo el herido en una camilla.

Pero los otros gendarmes estaban agotados y muy mal anímicamente. Me pidieron que también los saque a ellos.

Era muy difícil, en una situación así, explicarles que el peso era una gran limitante. Finalmente accedí a condición que dejaran todo el equipo, el cual enterraron llevando sólo el armamento.

Aún así, tenía dudas si íbamos a poder despegar. Les hice varias recomendaciones. Al no haber asientos debían acomodarse y atarse como podían, les recomendé que se sujetaran bien y que sujetaran al herido, porque levantaríamos mucho la nariz y se iba a crear un plano inclinado en el cual teníamos que evitar que se desplazaran hacia atrás, no sólo por el riesgo de lastimarse, sino por el traslado de la carga que complicaría el peso y balanceo del avión.

Roy, con su gorra azul se sentó a mi derecha, fascinado con el porter. Hablé con él antes del despegue, ya que desde el piso no estaba muy claro cuál debía ser el escape. Roy me comentó que había sobrevolado varias veces por ahí, me indicó que, una vez superada la arboleda debíamos evitar un cerro a nuestra derecha y virar enseguida a la izquierda donde encontraríamos el lago Menéndez.

Allá fuimos. Plena potencia, frenado, acelerador al taco y despegamos. Los árboles estuvieron inmediatamente sobre nosotros pero no detuvieron nuestro vuelo. Con mucha nariz arriba, a muy poca velocidad, pero los superamos, y tal como decía Roy, una vez en vuelo esquivamos la montaña sopor izquierda y aparecimos sobre el lago.

No recuerdo la altitud, pero habíamos descendido sobre el gran espejo de agua. Me comuniqué con Esquel por HF y le avisamos a Gendarmería que llevábamos al herido.

En esa época yo fumaba. Incluso lo hacíamos en la cabina de los aviones. Y una vez que estuvimos en vuelo normal sentí una necesidad imperiosa de hacerlo. Le ofrecí los mandos, y sorprendido por mi ofrecimiento, los tomó gustoso mientras yo me relajaba.

Mientras volábamos apaciblemente por el lago me fue invadiendo la alegría y una enorme satisfacción por el resultado de la misión y por la experiencia vivida. Roy me devolvió los mandos antes de aterrizar, tocamos suelo y rodamos a la plataforma donde nos estaban esperando.

Quise cargar combustible para irme enseguida pero no nos lo permitieron. Todos querían festejar y nos llevaron hasta el escuadrón de Gendarmería donde disfrutamos un riquísimo almuerzo.

El viaje de regreso a Trelew fue muy tranquilo, y aunque llegamos de noche a Trelew, fuimos con viento a favor, con la alegría de saber que le habíamos salvado la vida a un hombre, y reviviendo mentalmente cada una de las alternativas del día.

En la retrospectiva, siempre recuerdo ese momento. Lo tengo muy presente a Roy con su gorra celeste, con su dinamismo, entusiasmo y volando a mi derecha. De mi larga vida aeronáutica, a pesar de haber estado en portaaviones, de haber volado en Malvinas en tiempo de guerra, de haber trabajado como instructor en varios países de América y de formar parte en el armado y en la operación de una línea aérea, resalto ese hecho como el más trascendente.

La aviación es para vivirla con pasión, es para románticos, y muchas veces se arriesga buscando el bien de otros. En mi caso la aviación nunca la viví como un trabajo y me alegra formar parte de los recuerdos plasmados en este libro.

Lamento que la vida nos haya llevado por caminos que nos impidieron reencontrarnos. Pero lo que viví con Roy lo tengo atesorado como el acto aeronáutico más importante de mi vida. Fue un privilegio, un orgullo conocerlo y haber volado juntos ese día.

EL PRINCIPIO

Nunca supe que fue lo que despertó mi pasión aeronáutica.

Quizás una curiosidad extrema que me llevaba a leer desde muy chico todo lo que tuviera a mi alcance, lo que sorprendía a mis maestros porque además era cuestionador, y si sabía que tenía razón, lo discutía hasta las últimas consecuencias. Esta segunda cualidad, en opinión de mis hijos, la conservo exacerbada por los años.

Mi padre era agricultor. Su familia poseía tierras de cultivo en la zona de Cracovia, al sur de Polonia cerca de la frontera con la república Checa. Pero la Primera Guerra Mundial los sorprendió, encontrándose de repente inmersos en un caos de muerte y destrucción que les arrebató todo lo que tenían, incluso la vida.

La posición geográfica de Polonia, ubicada entre las potencias combatientes, la implicaron como escenario del inicio de muchas batallas, con tremendas pérdidas humanas y materiales.

Desde el principio de la gran conflagración, las fuerzas avanzaron hasta muy cerca de Cracovia, la tierra de mis ancestros, y en el transcurrir de la guerra se produjeron múltiples enfrentamientos, asociados a la destrucción del territorio, al saqueo, al abandono, al desalojo en el que se vieron envueltos millones de civiles que eran protagonistas involuntarios en una situación beligerante que les era ajena.

Las tierras fueron destruidas, quemadas y dejadas inhabitables. Y fallecieron casi 1.200.000 polacos, entre ellos toda la familia de mi padre.

Siendo el único sobreviviente, y luego de soportar casi toda la contienda, pudo subir a un barco con 18 años recién cumplidos y venir a esta tierra de promisión, donde muchos europeos encontraban refugio.

Después de un triste y largo viaje, recaló en Buenos Aires y allí comenzó su nueva vida. No conocía el idioma, sólo había aprendido la palabra "trabajo" y tras un largo peregrinar y mucho repetir esa mágica palabra, lo enviaron a laborar en las vías del ferrocarril que se construían al sur de Viedma.

Estuvo un tiempo en esa tarea, fue aprendiendo el castellano, y como era agricultor, pudo ingresar en una chacra experimental ubicada frente a la estación del ferrocarril en Patagones. Hace unos años pude comprobar que esa chacra aún existe.

Allí conoció a mi madre, de un origen muy diferente. Ella había nacido en San Martín de Genoa (hoy José de San Martín) muy cerca de Gobernador Costa, y a su vez su madre, mi abuela Isabel, era chilena, hija de una india araucana y de un muy severo y un tanto cruel comisario español. Éste era responsable de un centro de detención y castigo, con varios cepos, con los que sujetaban por manos y tobillos a los reos provocando laceraciones. Mi abuela, siendo una pequeña niña, ante los gritos de dolor de lo encepados, reducía la presión de las anillas para aliviar su sufrimiento.

En febrero de 1932 se casaron y unos años después mi madre recibió la triste noticia de que una de sus hermanas había fallecido de difteria y su viudo, Don Nicodemo Simonetta, les ofrecía trabajar con él en la ciudad de Esquel.

Don Nicodemo, un próspero comerciante, era dueño de un molino harinero y vendía su producto a Buenos Aires, pero un sistema monopolizador de aquel momento lo obligó a cerrar y sus proveedores de trigo dejaron de sembrar. Ahora estaba en un nuevo emprendimiento. Un aserradero a orillas del río Grande, por detrás de lo que hoy es la Aldea Escolar, al pie de la presa Futaleufú.

Fue así que, finalizando el año 1936, el 13 de noviembre, cuando cumplía cinco años, nos encontrábamos a bordo de un camión que nos transportaba desde Ingeniero Jacobacci hasta Esquel.

Ese día lo guardo como uno de mis más antiguos y vívidos recuerdos. Amanecía y mi madre, que traía a mi hermana Betty de pocos meses entre sus brazos, a mi otra hermana Tilsa en la falda, y a mí a su lado, señala al frente y me invita a observar el paisaje. Nunca había visto montañas.

Quedé muy impresionado y aún conservo esa imagen en mi retina, transitando entre Río Chico y Ñorquinco. Montañas gigantes y hermosas, blancas arriba y azules abajo. Al ingresar al valle de El Maitén, mi asombro crecía y desde ese momento fui cautivado en forma permanente por ese entorno paisajístico que sería mi lugar. Fue el mejor regalo de cumpleaños de toda mi vida.

Escucho otra vez el avión, regresa y se está incorporando a una recta inicial para aterrizar en la pista que construimos a mediados de los años 80 en nuestro predio de Cholila.

El Cessna se recorta contra el cerro Dos Picos. Lo veo justo en el momento que vira en básica sobre el lago y comienza el descenso. Observo como bajan los flaps y el avión se infla y reduce la velocidad. Casi parece que lo estoy volando, anticipando cada uno de los movimientos. En mi mente veo la cabina, el velocímetro con el indicador en el arco blanco, paso de hélice fino, mezcla rica, flaps de capot abiertos, y manejando el compensador de nariz para alivianar los mandos. En la medida que se va acercando a la cabecera en un suave planeo hasta el borde del lago, el avión y su reflejo sobre el espejo de agua se acercan hasta casi tocarse momentos antes del aterrizaje.

Que hermoso cuadro! Siempre he disfrutado la actividad aeronáutica. Pero a los 80 años, mi visión me jugó una mala pasada y ya no pude aprobar el examen psicofísico y hube de dejar el vuelo. No obstante, cada vez que puedo, acompaño a mi hijo, desde el asiento de la derecha, el del copiloto, aunque luego de tantos años de instrucción me siento muy cómodo volando desde esa posición.

LA INSTRUCCIÓN DE VUELO

Antes de ser instructor, hacía mis vuelos en el aeroclub de Esquel que poseía un Cessna 182 del año 1948, de fuselaje angosto y cola parada, el LV HFJ. Con el Cessna hacíamos múltiples traslados, vuelos sanitarios, entrenamiento de pilotos. Pero era un avión bastante viejo y la distancia a los talleres dificultaba el mantenimientoo.

Había surgido la posibilidad de recibir desde la Nación un Cherokee 140 nuevo, armado en la localidad de Chincul, pero para ello debíamos crear y organizar una escuela de vuelo.

Yo tenía la experiencia requerida para ser instructor y quería serlo, pero el régimen militar no me permitía ser independiente. No era sólo una decisión mía, pero siempre sentí el apoyo de la Fuerza Aérea en mi actividad de vuelo.

Me desempeñaba entonces como jefe del aeropuerto de Esquel que, después del de Comodoro Rivadavia y Trelew, era el más importante en Chubut. Sin embargo, estaba bastante relegado, lo que complicaba las cosas en cuanto al pedido de materiales e insumos, pero por otro lado era un aeropuerto que nos daba mucha tranquilidad.

Operaba LADE, en aquella época, con los aviones Twin Otter y la mayoría de los pilotos eran amigos. Utilizaban excusas o aprovechaban el tiempo de la carga de combustible para demorarse en la escala y venían a comer a casa las legendarias empanadas de carne y el pan casero que hacía mi esposa. En verano, varios de ellos venían a vacacionar, a pescar y cazar.

El aeródromo funcionaba bien. Habíamos logrado formar un equipo que trabajaba con responsabilidad y compromiso, y no presentaba mayores problemas.

Esto llamó la atención del nuevo Jefe de la Región Aérea Sur de la cual dependíamos. Apenas asumido, dispuesto a imponer autoridad y orden, de inmediato relevó a tres jefes de aeródromo. Apareció de improviso en un avión de LADE. Bajó en Esquel y dejó que el avión continuara con su periplo habitual -bajando en El Bolsón, Esquel y Bariloche-, dando instrucciones de recogerlo al regreso.

Hizo un recorrido minucioso del aeropuerto, una revisión metódica de la documentación en la oficina y conversamos mucho.

Estaba intrigado por el buen funcionamiento del aeropuerto, a lo cual le comenté que, además de contar con buen personal, habíamos establecido buenas reglas de convivencia y el gran secreto era el asado que nos comíamos por lo menos una vez por mes dentro del hangar haciendo un gran fuego bajo el cartel que decía "Prohibido Fumar … ". Por supuesto que sacábamos el avión cada vez que lo hacíamos.

Mientras conversábamos, dado que era sábado, mi esposa, maestra de escuela, ese día no daba clases y estaba preparando unas empanadas caseras.

Yo quería pedirle su autorización para hacer el curso de instructor en Neuquén, el mes próximo, y sabía que, después de ver que todo funcionaba como correspondía, luego de un almuerzo distendido y ante tan magnífico plato, poco podría objetar. Elogió las empanadas, se mostró satisfecho con la operación del aeropuerto y eludió hábilmente darme una respuesta a ese pedido concreto.

Finalmente, llegó puntualmente el avión de LADE de regreso y al subir, desde la escalerilla me grita - ¡Avíseme cuando se vaya a Neuquén!

Me di por autorizado.

Mi labor de instructor de vuelo durante más de 40 años, me granjeó muchas satisfacciones. Tuve el privilegio de enseñar a volar a más de un centenar de alumnos, entre las localidades de Esquel, Trevelin, El Bolsón, Maitén, Gobernador Costa y Bariloche. La mayoría obtuvo su licencia de piloto.

Algunos consideraron que la instrucción fue muy buena, otros se sintieron muy exigidos y abandonaron. A otros los disuadí al interpretar que no volarían nunca seguros y con uno de ellos, a pesar de que lo intenté, tuve que aceptar, ante el ruego de su madre, para que lo admitiera como alumno.

Gene era hijo de quien había sido uno de mis compañeros de trabajo en el aeropuerto, camarada de armas e incluso habíamos hecho juntos el curso de piloto. Un hombre muy nervioso y que había tenido varios percances en vuelo. Estaba recientemente fallecido y su hijo también quería ser piloto.

Conocía a Gene desde muy chico, y sentía que sobreestimaba su capacidad y que eso lo haría un piloto temerario, pero tenía mucho entusiasmo y desde muy chico quería ser un profesional en la aeronáutica. Incluso trabajó como personal civil en la torre de control. La muerte de su padre había potenciado ese deseo y ante ese contexto y en contra de mi instinto, cedí a esa aspiración y le enseñé a volar.

Gene creció como piloto, muy hábil en los comandos, e incluso llegó a ser instructor, pero mis temores se fueron confirmando, hasta que terminó su vida en un accidente. Es el único de mis alumnos que falleció por su actividad de vuelo y aún lo llevo como una carga.

Mis primeros alumnos fueron mi hijo Daniel y su gran amigo Gustavo Cilio, con 17 años. Luego se sumaron, Luis Bompland, Aníbal Nasif, Pablo Krieger y Víctor Serra.

El avión era nuevo, silencioso, fácil de volar y de aterrizar y todos completaron satisfactoriamente el curso. Se hizo presente el inspector evaluador de la Fuerza Aérea, Don Pablo Calzón Flores quien dedicó todo el día a un exigente examen. El 10 de octubre de 1976 Esquel pasó a contar con seis nuevos pilotos.

La primer promoción de pilotos surgidos del aeroclub de Esquel fue de la que yo formé parte como alumno, ahora lo hacía como instructor de la segunda promoción, y entre esos nuevos pilotos estaba mi hijo mayor.

También pude enseñar a mi hijo René, quien no fue subyugado por la misma pasión de volar como la que yo tenía y había transmitido a Daniel pero, sin embargo, cuando volaba lo hacía con total naturalidad.

Cuando lo presenté a examen, hacía varios meses que no subía a un avión. Se había ido a estudiar a Neuquén sin haber tenido posibilidad de rendir en Esquel, debido a una dificultad burocrática para llevar los inspectores a zonas distantes.

Cuando se dio una oportunidad en Neuquén, fui con otro de mis alumnos, le di un poco de doble comando a René para ablandarlo y rindió sin ninguna dificultad. No obstante, tuve un momento de preocupación.

El inspector me llamó aparte y me dijo que uno de los alumnos tenía que volar un poco más, que le preste atención y lo acompañe en sus primeros vuelos. Intenté explicarle de la situación de René, pero me interrumpió enseguida. René volaba muy bien, se refería al alumno que me había acompañado, una persona que se inició en el vuelo a una edad bastante avanzada y se mostraba muy rígido en el uso de los comandos.

La mayoría de mis alumnos terminó el curso y obtuvo su licencia. Pero quizás por volar demasiado me volví un poco impaciente y cuando me encuentro con algunos de ellos, me recuerdan que, a veces, los retaba mucho.

Un domingo, aparece uno de mis alumnos pretendiendo volar. Normalmente entendían y respetaban que ese día yo no impartía instrucción porque lo dedicaba a las reuniones de iglesia.

No sé por qué razón ese domingo, quizás porque era un día claro, despejado y calmo e invitaba a volar, decidí faltar a mis obligaciones eclesiásticas y fuimos a preparar el avión.

Dada las condiciones y que el alumno contaba ya con varias horas de instrucción, decidimos salir en el Archer, el LV ARO, que hacía poco yo había traído personalmente, también de Chincul, para incorporarlo a la flota del aeroclub, merced al apoyo del gobierno nacional.

Le indiqué que en esa clase íbamos a hacer "Eses sobre caminos", maniobra de examen que consiste en sobrevolar una ruta recta e ir marcando alternativamente con la punta del ala el camino e ir haciendo virajes de 180 grados, sin perder o ganar altitud o velocidad y sin salirse de las referencias marcadas.

El alumno tenía temor a la baja altura y su tendencia siempre era a subir. Hicimos varios intentos entre el cruce a Trelew y el aeropuerto, pero se mostraba muy rígido, con temor a bajar el ala y evitando acompañar con su cuerpo el giro del avión.

A menudo he usado una técnica que consiste en mostrarle a los alumnos que las limitaciones del avión están más lejos de lo que ellos sienten y les hago hacer virajes escarpados, vuelos bajos y otras maniobras que los "ablandan". Pero éste se resistía a reducir altura.

Tomé los mandos del avión y después de decirle "Te voy a enseñar lo que es volar bajo", me puse casi al nivel de los postes de luz y fui recorriendo el camino al aeropuerto, siguiendo la maniobra aún en las curvas para mostrarle cuán dócil era el avión.

El ruido que hicieron los cables al cortarse tensó todos mis sentidos. Estos cables conducían la energía desde Esquel al Aeropuerto y cruzaban la ruta.

Venía muy bajo y pensé que se nos había roto un ala, por lo que saqué potencia y me lancé hacia el camino con la idea de minimizar el golpe contra el suelo. Pero inmediatamente noté que el avión respondía a los comandos, también el motor, por lo que opté por mantener el vuelo y dirigirme a la pista.

La torre no contestaba, claro, la habíamos dejado sin electricidad.

En eso, escuchamos al avión de Aerolíneas que también llamaba infructuosamente. Procedí a orientarlo desde mi radio, indicándole las condiciones, no había otro tránsito y podía aterrizar en la pista 22 que estaba libre. Esperamos que el Boeing 737 de Aerolíneas estuviera aterrizado y nos dirigimos a la pista 26, que era de tierra.

Le indiqué al alumno que se pase al asiento de atrás para intentar ver el tren de aterrizaje. Tratándose de un avión de ala baja no podíamos saber si el tren se había dañado. Pero desde ningún ángulo pudo ver nada.

Le dije que se preparara para el aterrizaje. Era un aterrizaje de emergencia, por lo que tenía que verificar que su asiento esté bien trabado, el cinturón ajustado, aún la bandolera.

Aprovecharíamos la circunstancia para ensayar un protocolo de emergencia. Destrabamos la puerta y desconectamos la batería con la llave "master" y le fui comentando cuál iba a ser el procedimiento.

Enfrenté la pista y comencé a volar cada vez más bajo y más lento sobre ella.

Procedí a bajar el ala de mi lado. Si bajaba más de lo normal, obviamente no estaría el tren. La rueda tocó el piso. Volví a elevarme un poco y probé la otra... también estaba. Detuve el motor cortando la mezcla, para evitar, en caso de faltar la rueda de nariz, una detención brusca que podría dañar el cigüeñal, apoyé las dos ruedas principales y bajé suavemente la nariz, hasta sentir con mucha tranquilidad que ésta también estaba presente.

El aterrizaje fue casi normal. Pusimos en marcha y rodamos hasta el hangar.

Una vez arribados, se nos acercó el jefe de aeródromo, quien me había reemplazado luego de mi retiro y me preguntó: - Roy ¿no viste desde el aire un camión con pasto? Los cargan tanto que los hacen muy altos y a veces nos cortan los cables…

Una vez guardado el avión, procedí a inspeccionarlo. El avión tenía las marcas de los cables en el borde de ataque. Quizás los corté con la hélice o los cables no ofrecieron gran resistencia al choque.

No encontré otro daño, por lo que puse en marcha y volví a salir para hacer una prueba a fondo. Cada vez que voy por la ruta en mi vehículo y paso por debajo de los cables, observo la empatilladura en los tres cables reparados y recuerdo el momento.

Me paro al borde de la pista y observo el aterrizaje de Dany. Es un día calmo y eso le permite hacer la aproximación muy baja desde el lago y tocar muy cerca de la cabecera. Detrás del avión se destaca el cerro Dos Picos, emblema del lugar. Aterriza y rueda hasta el hangar. Que hermoso avión es el C206! El ronroneo del motor continental a bajas revoluciones me suena muy familiar y me recuerda el que yo volaba, hace tanto tiempo...

Una vez detenido me acerco hasta el avión para ayudar a mi hijo a poner en resguardo la aeronave, disfrutando ese momento aeronáutico en el que todo se conjuga para potenciar la sensación, el paisaje, la placidez del día, el avión, la familia...

Silvia, su esposa, también observa desde su casa, al borde de la pista la maniobra y cuando me vé me invita a tomar un café para hablar sobre esta idea de escribir mis memorias.

Hace cuarenta años que me otorgaron el retiro de la Fuerza Aérea. Debido a mi tiempo de vuelo en los bombarderos Avro Lincoln, muchos de esos años se me computaron duplicados y pasé a una situación de retiro activo antes de cumplir 50 años.

Sin embargo, revivo esa época con mucha intensidad. Silvia y Dany notan que me emociono, se me quiebra la voz y me instan a referirle detalles.

LA FUERZA AÉREA

Mi ingreso a la Fuerza Aérea no fue simple. Mi aspiración era entrar en la escuela de aviación militar, pero por una situación familiar tuve que irme de Esquel a Buenos Aires antes de terminar la escuela secundaria y eso me descalificaba para inscribirme. No obstante, podía ingresar a la Escuela de Mecánica o elegir otras especialidades como radio operador, meteorologista o fotografía aérea. Llené la ficha para esta última especialidad ¡Igualmente podría volar!

Mientras esperaba comencé a trabajar en Casa Tía. Me iba muy bien y me habían ofrecido hacer carrera dentro de esa gran empresa. Pero finalmente llegó la convocatoria tan esperada. Debía presentarme a rendir examen y me adjuntaban los pasajes para trasladarme a Córdoba, sede de la escuela.

Sin dudar, decidí dejar ese espacio de confort y arriesgarme a rendir junto a un número de aspirantes que superaba en mucho el límite impuesto.

Mis jefes igualmente decidieron guardarme el lugar por un tiempo razonable y, sin pensarlo más, apenas preparé mis cosas y tomé un micro. Por cuestiones de horario llegué al anochecer y me alojé en el primer hotel que encontré, a fin de llegar al día siguiente a la base, descansado y lúcido. Sin embargo, esa noche apenas pude dormir, no por la emoción, sino porque fui acosado y picado por cientos de pulgas.

En esas condiciones fui a rendir. Éramos ochocientos aspirantes pero el cupo era de doscientos. El examen de ingreso consistía en rendir un escrito sobre temas de 5 materias y una prueba física que consistía en correr 100 m en menos de 13 segundos y nadar en una pileta.

Se aprobaba con 35 puntos, el que no llegaba quedaba eliminado y afuera. No te daban ni el pasaje para irte y el mismo profesor te informaba si no aprobabas. Fui perjudicado porque las pruebas se hacían por orden alfabético, por lo que yo fui uno de los últimos.

Me iba muy bien hasta que me hicieron una pregunta de trigonometría que no supe responder dado que era una materia que no se daba en Esquel o era del último año.

Después de 700 exámenes los profesores estaban cansados y tomaban las pruebas a desgano, por lo que me desaprobaron y me volví a Buenos Aires con una enorme sensación de derrota.

Pero a los dos o tres días, recibo un telegrama de admisión, incluso se disculpaban. Me había ido tan bien en las otras pruebas que aún sin responder la pregunta de trigonometría, tenía puntos sobrados para el ingreso. De inmediato tomé un micro nuevamente a Córdoba evitando esta vez pasar por el hotel.

El primer año en la escuela fue bastante difícil. Desconocíamos el régimen militar, la mayoría teníamos una visión distorsionada por nuestro sueño y fantasías. Pero la vida diaria era la imposición de una intensa disciplina.

Lo primero que hicieron fue cortarnos el pelo dejándonos pelados. Después carrera mar, salto de rana, flexiones, cuerpo a tierra, etc. Muchísimo ejercicio físico, casi hasta la extenuación, baño, almuerzo, siesta obligada y más tarde las aulas. Luego la cena y a la cama a las 21 hs. A la mañana nos levantaban a las 6 hs, teníamos 2 minutos para lavarnos la cara y los dientes, 4 minutos para afeitarnos, 3 minutos para hacer a cama.

Eran camas superpuestas una encima de otra, y a los que dormíamos arriba nos demandaba mayor esfuerzo y tiempo. A veces aparecía un superior a cualquier hora y al grito de "¡Compañía, al pie de la cama"! nos hacía saltar. Teníamos medio ropero cada uno y sólo se permitía almacenar las cosas que ellos nos proveían. Yo pedí permiso para tener la Biblia y me autorizaron, pero solamente podía leer los domingos cuando la tropa salía.

El sistema era durísimo y muy pronto comenzaron las deserciones. Luego de 4 años sólo egresamos 58 aspirantes con el grado de Cabo Primero. La selección había sido muy severa si consideramos que rendimos 800, ingresamos 200 y llegamos 58 al final. Da mucho que pensar.

Yo pertenecía al grupo de los que no salíamos de franco casi nunca, éramos de lugares distantes o no teníamos dinero. Nos llamaban "Los Tumberos". Generalmente hacíamos de cuarteleros. Nuestra residencia era La Cuadra y debíamos hacer una guardia permanente que se relevaba cada dos horas de día y de noche. Los Tumberos lo hacíamos los domingos y los días de fiesta.

Cuando llevábamos unos 6 meses se presentó un suboficial preguntando por mí. Se había enterado de que había un aspirante que era cristiano evangélico y quería ubicarme. Charlamos un rato y se presentó como Elías Jalil, asistía a una iglesia en Alto Córdoba y me invitó a formar parte de la congregación, y a su casa a almorzar.

Elías era un médico muy reconocido y la cordialidad y el afecto que me dispensaron me hizo sentir muy contenido, ayudándome en mucho a transitar las grandes exigencias de la escuela.

Cuando pasamos a segundo año teníamos que elegir la especialidad. Elegí fotografía aérea, pero me llevé la gran y desagradable sorpresa que ese año se había alcanzado a cubrir el cupo y la especialidad se había suspendido temporalmente. Mi desazón fue grande.

Ahora tenía que elegir otra, pero yo quería volar y en la que tenía más posibilidades era como mecánico de avión, pues formaba parte de la tripulación en los grandes bombarderos, o, en ocasiones, cuando un piloto tenía que hacer una navegación larga a otros destinos con un monomotor, estaba obligado a hacerlo acompañado por un mecánico.

Algo que noté en la Aeronáutica Militar, a diferencia de otras fuerzas, es que la distancia entre los grados se diluía mucho al formar la tripulación un equipo, donde cada uno tenía un rol diferente. Cuando un vuelo duraba más de 2 o 3 días se generaba inmediatamente un acercamiento amistoso.

Cuando llegó el día en que nos recibimos teníamos que elegir a qué región o base queríamos ir. Teníamos la posibilidad de escoger entre dos opciones. Elegí Comodoro Rivadavia porque era la base más cercana a Esquel, cerca de mi casa y donde estaba mi familia, como otra alternativa elegí Mendoza porque si no podía ser piloto, mi deseo era ser médico y allí había universidad.

Pocos tuvieron el destino solicitado. A mí me asignaron a la 5ta Brigada Aérea ubicada en Villa Mercedes, San Luis. En esta brigada se operaba y se hacía el mantenimiento de los aviones Avro Lincoln y Avro Lancaster. Había más de 20 Lincoln y 5 Lancaster.

Llegó el día de presentarnos en la 5ta Brigada Aérea. Los mecánicos de avión éramos mayoría, había 4 hangares enormes y siempre estaban ocupados trabajando en esos tremendos motores. No teníamos idea de la recepción que nos iban a hacer. Imaginábamos que nos iban a formar y nos iban a presentar al jefe de la Brigada o algo parecido ¡Cuán equivocados estábamos!

Lo primero que hicieron fue llevarnos a la farmacia, donde había un preparado, un líquido blanco en vasos que no teníamos idea qué contenían. Al rato nos dimos cuenta de que era un potente laxante ya que hacíamos cola para ir al baño.

Luego nos llevaron a lo que iba a ser el alojamiento. Una cuadra similar a la de la escuela pero que tenía habitaciones para 2 personas con 2 camas, 2 roperos, 1 mesa y 2 sillas. Allí nos estaba esperando un suboficial con "herramientas". Las herramientas eran escobas, cepillos, trapos de piso, etc.

Supusimos que era el encargado de la cuadra y nos tuvo horas limpiando habitaciones, pisos, rincones, pasillos, llevamos colchones, mantas, sábanas, hicimos todas las camas bajo su estricto control, dado que si encontraba una sola pelusa nos podía dar días de arresto.

A la hora del almuerzo nos hizo formar y nos llevó marchando hasta el comedor. Allí nos dejó y no lo vimos más hasta la mañana siguiente. Ahí ya no tenía ni el uniforme ni las tiras de grado, era un civil encargado de la limpieza de la cuadra y nos usó para hacer lo que a él le correspondía, por supuesto con la anuencia de los veteranos que vivían en la Base.

Al día siguiente fuimos a los hangares y nos dijeron que usáramos la mañana para conocer cómo se trabajaba y nos fuéramos adaptando al sistema. Recorríamos todo, entrábamos y salíamos de los aviones y preguntábamos a los mecánicos porque todo era nuevo para nosotros.

En la semana nos asignaron los lugares y las tareas que íbamos a cumplir, casi todos pasamos a ser ayudantes del personal más antiguo. Yo era uno de los pocos que sabía manejar vehículos, por lo cual me asignaron un camión con un tanque de aceite para ir avión por avión para cargar los mismos. El tanque estaba equipado con manguera y una bomba a ese efecto.

Estuve bastante tiempo en esa tarea, hasta que finalmente me cambiaron a otra, me pusieron de encargado de avión, me asignaron una máquina que debía estar siempre lista para salir. Cada avión tenía un encargado, en mi caso fue el B-016.

El AVRO LINCOLN

Era un avión imponente. Con poco más de 36 m de envergadura y 24 m de largo, empequeñecía todo a su alrededor. Cuando poníamos en marcha los cuatro motores Rolls Royce de 1.750 hp y hélices de cuatro palas, todo parecía vibrar.

La tripulación la conformábamos siete militares, el comandante o piloto, máximo responsable de la aeronave, el mecánico, normalmente a la derecha del piloto o copiloto si el avión poseía doble comando, un navegador, un radio operador y tres artilleros.

Llegaron a Argentina con un grupo de Avro Lancaster, su predecesor, que había sido muy utilizado por la RAF, la fuerza aérea británica durante la segunda guerra mundial. La fábrica Avro, con los Lincoln, al principio llamados Lancaster IV, había introducido mejoras y mayor capacidad de carga y de fuego. Pero la guerra terminó y éstos no alcanzaron a entrar en combate en esa contienda, aunque cumplieron otras misiones militares principalmente anti terroristas.

No obstante, algunos países se interesaron por estos aviones, entre ellos Argentina que, como observador del gran conflicto mundial, determinó que la aviación militar había sido gravitante en el resultado. Gran Bretaña, a partir de la guerra, tenía una deuda importante con nuestro país, y la posibilidad de pagarla con material bélico y trenes era una gran oportunidad.

Estos aviones eran parte del material con que se había sobre armado hacia el final de la guerra y contaba con equipamiento ocioso. Muchos de estos avros, a pesar de ser nuevos, luego de estar inactivos en tierra por dos años debieron ser reacondicionados. Incluso debieron cambiarse las ruedas, que se habían ovalado al soportar tremendo peso.

El primero de ellos, el B 001 llegó en vuelo desde Inglaterra. Luego de sobrevolar y exponerse en la ciudad de Buenos Aires, fue desarmado, vuelto a armar y exhibido en la avenida 9 de Julio. Argentina estaba a punto de constituirse en la primera potencia aérea de América del Sur y quería mostrarlo al mundo. Pero este acto costó que el B 001 tuviera graves problemas operativos, la nueva tecnología estaba por encima de la preparación técnica local y el avión presentó muchas dificultades posteriores al rearmado.

La Fuerza Aérea Argentina dio un gran salto en su equipamiento aeronáutico, por lo que la transición a este nuevo nivel requirió de un gran esfuerzo de capacitación. Técnicos de Avro e instructores vinieron al país a preparar a nuestra gente y otros viajaron a Inglaterra con el mismo objetivo.

Los primeros 12 aviones fueron preparados con doble comando a efectos de que sirvieran para instrucción.

Fueron adquiridos un total de 30 aviones Avro Lincoln, 18 de ellos nuevos y 12 matriculados en la RAF aunque nunca prestaron servicio en la misma. A éstos se sumaban 15 Lancaster que sí habían tenido alguna participación en la Segunda Guerra y también 100 Gloster Meteor, aviones caza a reacción, también británicos, que participaron activamente entre las fuerzas aliadas.

Argentina era ahora la fuerza militar aeronáutica más poderosa de Sud América ante la mirada intranquila de Estados Unidos. Nuestra neutralidad había generado alguna desconfianza. A partir de una restricción a la venta de armas que el país de América del Norte había impuesto, hubo que vencer varias dificultades en las negociaciones, pero para Inglaterra, que se había endeudado fuertemente, era una gran oportunidad y esa necesidad pesó en las decisiones.

Un suboficial de la Fuerza Aérea fue el que hizo la trascripción de los manuales del inglés al castellano. Lamento no acordarme de su nombre.

Había una gran actividad en la base. Continuamente había aviones despegando y aterrizando, entrenando o saliendo a cumplir una misión o regresando de otra. Cuando miro esto retrospectivamente no puedo evitar lamentar la regresión en el desarrollo aeronáutico que ha tenido la Argentina. De tener una de las flotas militares más poderosas, fábrica de aviones, pilotos muy capacitados y profesionales, a una situación actual casi paupérrima.

Cuando regresaba un avión a la base había que cargarlo de combustible y aceite. Si tenía alguna novedad o necesidad de reparación, había que transmitirlo al jefe de mecánicos, quien mandaba a los técnicos según la falla, si era radio, instrumento, motor, fuselaje u otras.

También había otras tareas no tan importantes como tenerlo limpio, bajar y subir las escaleras para la tripulación. Estas se llevaban adentro del avión y eran dos. Una adelante y otra atrás. El Avro Lincoln tenía dos puertas. Si hacía vuelos nocturnos había que poner una buena cantidad de luces, que al regreso se sacaban.

Terminábamos cada día agotados por el trabajo en el aeropuerto. Pero lo disfrutábamos. En mi caso estaba haciendo lo que quería, en un medio ambiente de aviones y pronto empezaría a volar.

MISIONES EN EL AVRO LINCOLN

Ya era encargado del B 016. Donde iba el avión, yo tenía que estar. ¡Por fin estaba volando!. Y lo hacíamos bastante seguido y normalmente eran largas navegaciones. Eran aviones grandes y pesados, requerían pistas especialmente firmes y largas para despegue y aterrizaje, las más usadas eran Buenos Aires capital, Córdoba, Mendoza, Mar del Plata, Comodoro Rivadavia, Trelew, Río Gallegos, Formosa, Reconquista y Río Cuarto. También se hacían navegaciones a la Antártida, sin aterrizar allí.

El Avro Lincoln era un avión de gran autonomía lo que permitía realizar largos vuelos y una de las misiones era volar a La Antártida. Por otro lado tenía buena capacidad de carga cuando no estaba armado. Cada bomba era muy pesada y cuando las quitábamos podíamos reemplazar ese peso. En los vuelos a La Antártida reemplazábamos las bombas por un gran tanque de combustible, que nos permitía hacer el viaje de ida y vuelta sin aterrizar desde Río Gallegos.

En ese entonces no había pista por lo que hacíamos un vuelo pasando a baja altura sobre la base y tirábamos manualmente los paquetes. Estos paquetes debían ser livianos y normalmente había que hacer más de una pasada. El Avro Lincoln volaba a 400 km/h y no daba el tiempo para largarlos todos de una sola vez.

Por mi ubicación en el avión, normalmente me tocaba a mí esa tarea. Me abrigaba, me ataba y esperaba la orden del piloto que avisaba cuándo tirar, generalmente los paquetes eran de correspondencia. El personal de las bases tenía que ser relevado una vez por año, así que se pueden imaginar la alegría que tenían cuando pasaba un Avro Lincoln.

Cuando salíamos a volar cada integrante de la tripulación tenía un lugar determinado dentro del avión, un asiento y enchufes para la calefacción, otro para respirar oxígeno, y otro, el principal, para comunicación con el comandante o piloto del avión.

Ya hacía 2 años que estaba en la brigada y me sentía satisfecho del lugar al que estaba asignado. Volaba mucho y conocía la República. Casi todo o por lo menos los principales lugares, ya que la mayoría de los vuelos eran a grandes ciudades. Conocía muy bien la máquina asignada y cometía pocos errores. Ahora cuento el primero.

Teníamos vuelo a la cordillera entre Mendoza y Neuquén, un vuelo fotográfico de un lugar muy alto, a más de 8000 msnm, así que había que ir bien preparado.

La calefacción a esa altura no era muy eficiente, pues se hablaba de entre -30 y -40° y la calefacción no era general, sino sólo en los lugares donde estábamos sentados. Entonces antes de salir, nos poníamos pantalón y chaquetón de cuero de cordero, con la lana para adentro y el cuero para afuera. Eso ayudaba mucho.

A los 3000 msnm poníamos el oxígeno, y en ese momento me di cuenta que no había llevado la máscara que usábamos para respirar.

Ya estaba con el cinturón puesto y no me animé a decir nada, pues hasta se podía suspender el vuelo, así que nunca supe si me dormí o me desmayé. Cuando desperté estaba colgado del cinturón de seguridad y el comandante estaba diciendo que podíamos desconectar, pues ya estábamos por debajo de los 3000 msnm. Nadie se enteró.

Volar constantemente en aquella época, con menos tecnología, implicaba algunos riesgos que todos teníamos asumidos y aceptábamos. Nos afanábamos en hacer lo mejor posible la tarea que a cada uno nos correspondía, en bien del equipo y en bien de la seguridad de todos.

En un vuelo, cuyo destino final era Comodoro Rivadavia, con plan de regreso a Mar del Plata para reaprovisionar combustible y con posterior destino después a Villa Reynold tuvimos un serio inconveniente meteorológico.

Estábamos muy lejos de los servicios y pronósticos que hoy se conocen, por lo que era bastante difícil conocer la evolución del estado del tiempo. Por otro lado, en vuelos tan largos las condiciones iban cambiando en el transcurso del mismo.

Era una época donde el vuelo era primordialmente visual, en este caso no teníamos comunicación con tierra y para poder aterrizar la pista debía estar a la vista.

Cuando íbamos llegando a Mar del Plata, una densa capa de niebla cubría toda el área y al alcanzar la vertical el comandante no lograba ver la pista.

Tomamos altura hasta lograr una comunicación con Bahía Blanca quien informó que la niebla se extendía por casi toda la provincia, sólo la ciudad de Buenos Aires presentaba claros, pero el combustible no nos alcanzaba. Cada uno de los motores del Avro Lincoln consumía una gran cantidad de combustible, y eran cuatro motores...!

El piloto tomó una decisión, la que nos informó por comunicación interna. Cada uno de los tripulantes debía ponerse los chalecos salvavidas. Le quedaba combustible para dos circuitos más, si la pista no se veía, iba a amerizar.

En la primera vuelta apareció milagrosa y fugazmente una de las cabeceras que el comandante inmediatamente identificó y sin vacilar se lanzó hacia ella en un violento viraje. Apenas tocó tierra nos sumergimos en la niebla, pero manteniendo el rumbo no nos salimos de la pista.

Todos respiramos aliviados y agradecidos por la pericia de nuestro jefe que nos había salvado la vida, o por lo menos de un chapuzón. Pero también había salvado el avión. Al día siguiente amaneció despejado, cargamos combustible y llegamos a Mercedes sin otra novedad.

B-016
B-016

En otra misión, habíamos ido a tomar fotografías a la provincia de Entre Ríos. Habíamos despegado de Palomar y volábamos por sobre los 6000 msnm.

Salimos temprano y comenzamos a ascender, ese día tenía mi máscara de oxígeno. Cuando estábamos en plena tarea y ya habíamos nivelado, empezamos a sentir olor a humo, pero no sabíamos desde dónde provenía, hasta que vimos llamas donde estaban los equipos de radio.

Se avisó a Palomar que trataríamos de llegar, pero estábamos sujetos por el equipo de oxígeno, por lo cual no alcanzábamos los matafuegos. El comandante nos dijo que nos sujetáramos fuerte porque iba a bajar en picada, y así lo hizo, de los 6000 a los 3000 msnm, en donde se cortó el sistema y se pusieron en funcionamiento los matafuegos, extinguiendo las llamas.

Era un grupo de cables, entre los que estaba el VHF, así que perdimos comunicación con Palomar. Aterrizamos sin autorización, vimos que ya estaban los camiones contra incendio y muy preocupados nos preguntaban si sabíamos algo de un avión que tenía un incendio a bordo.

Cuando se enteraron que éramos nosotros les volvió la tranquilidad. De la brigada mandaron un avión con personal para recuperar lo destruido y llevarse la tripulación, menos a mí, que era el encargado de la aeronave. En 4 días se solucionó el problema y vinieron a buscarme.

Como en esa ocasión, muchas veces me tocó quedarme junto al avión en una base alejada, dado que los problemas mecánicos eran más o menos frecuentes y a veces su reparación, envío de repuestos y puesta a punto, llevaba varios días. De vez en cuando había algún accidente o incidentes de mayor o menor gravedad. Los aviones se reparaban y volvían a volar.

En una misión hacia el sur, de tres Avro Lincoln sólo volvieron dos. Nunca supimos que había pasado con el B-019, que desapareció y no lo pudimos encontrar a pesar de enormes esfuerzos de búsqueda. Lo hallaron 30 años después debajo del hielo en el sector chileno de Tierra del Fuego, y sólo hace muy pocos años pudieron iniciar la repatriación de sus restos y de sus tripulantes.

Las fuerzas militares están basadas en un escalafón de estricta obediencia. El de mayor jerarquía da las órdenes y los subordinados obedecen. Pero era evidente la diferencia entre la aeronáutica con el ejército y la marina. estos últimos mantenían un mayor distanciamiento entre los superiores y el personal subalterno.

Cada uno de nosotros tenía una función y todo el personal subaltermo se sometía a las órdenes del comandante, la persona más preparada, entrenada y responsable de conducir el grupo de personas que conformábamos la tripulación y los incidentes que relato contribuían a cohesionar la tripulación y estrechar las relaciones.

Los largos días que compartíamos implicaban que naturalmente nos fuéramos conociendo, habláramos sobre nuestras familias y de proyectos futuros.

La mayoría de los jefes lograban el reconocimiento de su liderazgo, y en mi caso particular tenía una alta consideración hacia quienes, por conocimiento, educación, cortesía, habilidad, se granjeaban nuestro respeto, pero me rebelaba ante cualquier abuso de autoridad e injusticia. No toleraba que quien detentara un cargo mayor, y sólo por eso, menospreciara o maltratara al personal de menor jerarquía.

Y a veces pasaba...

Se eligió el B-016 para una misión a Río Gallegos, el avión sobre el cual yo tenía responsabilidad. Teníamos que ir y volver en el día. Lo comandaba un piloto muy reconocido, pero con mal genio, soberbio, petulante, así que cuando íbamos con él, el vuelo no era agradable y a pesar de que nos esforzábamos en ser eficientes, "errar humanum est". La situación que cuento a continuación fue por una falla humana, no del avión. El vuelo era muy largo y se preparó el avión de acuerdo a la circunstancia. Cargamos aceite y combustible y habíamos estimado el regreso para antes del anochecer. Tanto el vuelo de ida como el de regreso fueron normales, y cuando el comandante llamó a la torre de control de Villa Reynolds, para pedir instrucciones para el ingreso y aterrizaje, le respondió un operador de Mendoza. Navegante, operador o comandante, alguno de los tres cometió un error.

Ya estábamos dentro del área de control de Mendoza y el combustible no alcanzaba para retomar el rumbo y seguir hasta la V Brigada en Reynold. Hubo que aterrizar. Esta escala obligada y no planeada nos llevó bastante tiempo, repostar combustible y salir de nuevo.

Era medianoche cuando llegamos al destino que correspondía. El ambiente en la cabina de comando no era el mejor, estábamos todos cansados y un tanto malhumorados. Cuando bajó toda la tripulación el piloto me llamó y me dijo que antes que nada debía llevar su valija al casino de oficiales. Le contesté que no me era posible pues el avión salía nuevamente temprano y debía prepararlo. En todo caso la llevaría al terminar.

Ante esta respuesta, me indicó que me estaba dando una orden para que la valija sea llevada inmediatamente. A ello le contesto que tenía muy clara mi responsabilidad como mecánico y que estaba por encima del asistente que lleva valijas. Enfurecido, me replica - "cuando termine con el avión, vaya hasta la guardia y le dice al jefe de guardia que le anote 24 días de arresto por orden mía, el comandante Islas"-. A lo que respondí que así haría. El comandante se llevó su valija.

A la mañana siguiente me convoca el director del servicio de mantenimiento, Capitán Alvarez. Me mandó llamar a su oficina que estaba en uno de los hangares. Lo primero que me preguntó fue:

-"Wegrzyn ¿qué hizo para que el comandante Islas le ponga semejante castigo?"-

El capitán Álvarez era uno de los oficiales que más apreciábamos y respetábamos por su cortesía y ecuanimidad. Y era, a nuestro entender, el mejor piloto de Avro Lincoln que tenía la brigada.

Le conté tal cual lo sucedido, agregando que todos, ese día, estábamos un poco alterados y el comandante para enojarse no necesitaba mucho.Un poco divertido y otro poco preocupado me hizo notar que ese año me tocaba ascender de grado y esto me perjudicaría. Por otro lado por esos 24 días no podría salir de la brigada. Me dijo, –"Deje esto en mis manos, veremos qué se puede hacer"-

No sé qué hizo, pero a fin de año ascendí al grado superior, y cada vez que al B-016 le tocaba volar, yo iba en ese avión.

Lamentamos mucho cuando Álvarez se fue. Aerolíneas Argentinas lo pidió prestado a la fuerza aérea para mandarlo a EEUU para hacer los cursos de los nuevos Jet Comet 4 con la idea de que sea uno de los instructores de esas máquinas que Argentina iba a comprar. Y mucho mas nos entristecimos cuando supimos que había perdido la vida en un accidente.

SETIEMBRE DE 1955

Mi vida en la Fuerza Aérea fue en tiempos de paz. Sin embargo, en el año ´55, recibimos órdenes de armar los aviones, con la aclaración de que no se trataba de una práctica.

Había mucho malestar en las fuerzas armadas. La información nos llegaba muy fragmentada y lo que viví en ese tiempo sólo lo pude poner en contexto mucho más tarde, estudiando la historia de los acontecimientos que vivió Argentina en esos días.

Sabíamos que había quejas hacia el gobierno de Perón, especialmente en la Marina y parte del Ejército.

Hubo varios intentos aislados de rebelión hacia el gobierno constitucional. Todos fueron sofocados, pero el malestar era creciente, y en junio de ese año, la marina bombardeó la casa de gobierno y Plaza de Mayo, provocando esa acción un gran número de muertos. Fue muy impactante y nos llenó de confusión. Éramos soldados y nuestra formación militar nos había preparado para la lucha y la defensa de la patria ante un agresor extranjero. No para la lucha entre argentinos.

En nuestra base se argumentaba que había que sostener al gobierno elegido legítimamente. Pero en el transcurso de la contienda, nos dábamos cuenta de que nos estábamos sumergiendo en una guerra interna en la que las fuerzas armadas eran los principales protagonistas y que éstas se estaban fracturando visiblemente. Y varios de nuestros aviones se iban pasando a las filas rebeldes.

Este desconcierto nos incomodaba profundamente y nos invadía una gran resistencia a dirigir el fuego hacia nuestros compatriotas.

A mediados de setiembre, a mi avión, el Avro Lincoln B-016 se le ordenó cargarlo con bombas y municiones para las ametralladoras. Nadie sabía por qué y para qué. Debíamos ir a Palomar donde recibiríamos las instrucciones pertinentes.

Allá fuimos, teníamos el avión armado adentro de un hangar y algunos comentaban que había que bombardear al sector de Punta Indio. Pero a las 21 hs se nos ordenó un bombardeo a la VII Brigada Aérea, en la Base de Morón, asiento de los aviones Gloster Meteor, modernos aviones interceptores a reacción que se desplazaban a gran velocidad y de los que estábamos muy orgullosos.

Eran órdenes, pero, ¿atacar a nuestros propios aviones? ¿Descargar nuestras bombas sobre nuestros camaradas de armas, entre los que se encontraban incluso compañeros de promoción…? ¿Esto era defender la patria? Nuestros superiores nos indicaban que negarse a obedecer implicaba "traición", y seríamos pasibles de un castigo en el que se consideraba el fusilamiento.

El mismo argumento, "traición a la patria" también lo alegaban quienes conducían la rebelión por acciones contrarias. Pero la patria era nuestra gente, nuestras bases, nuestros aviones, lo que nos ordenaban destruir.

Luego de deliberar y en el poco tiempo que disponíamos, nos pusimos de acuerdo y el personal que manejaba las bombas quitó las espoletas para que no explotaran cuando cayeran. Al menos minimizaríamos el daño.

La orden de bombardeo era para la 1:00 de la madrugada. Afortunadamente, por razones que desconozco, llegó una contraorden y se indicó que el B-016 regresara a la V Brigada a primera hora de la mañana.

Sin bajar la tensión, nos pusimos en vuelo y regresamos a nuestra base. Cuando estábamos aproximando e intentamos comunicarnos con la torre, ésta no respondía. Algo absolutamente anormal. Hicimos un circuito sobre la pista, pero desde el aire no se apreciaba ningún movimiento, aterrizamos y rodamos hasta el frente del hangar.

A mí me correspondía bajar primero para colocar la escalerilla y apenas lo hice vi que varios soldados armados rodearon el avión, me apuntaron y me ordenaron soltar la escalera y levantar las manos.

Pidieron que bajara el resto de la tripulación, ante lo cual les dije que debía poner la escalera para que pudieran hacerlo. Me autorizaron y a medida que bajaban les hacían levantar las manos. Nos llevaron custodiados, los oficiales al Casino y los Suboficiales a la cuadra donde vivíamos los solteros.

Allí nos enteramos que el Ejército que estaba en la capital de San Luis había tomado la Base.

En nuestros dormitorios estaban todos los mecánicos en número mayor de 100 y habían dispuesto tres ametralladoras, una apuntando a cada puerta de la cuadra con órdenes de matarnos si alguno intentaba salir.

Tiempo después nos enteramos que, ante la información de que la V Brigada Aérea había sido tomada por fuerzas rebeldes, se había ordenado su bombardeo y destrucción. A tal fin se le había asignado la misión al B 028, el cual despegó del aeropuerto de Córdoba y se estrelló en unos cerros próximos a Río Cuarto.

La investigación posterior indicó que parte de la tripulación se negó a bombardear a sus compañeros y se generó una lucha armada dentro del avión. Se encontraron muchas cápsulas servidas dentro de la aeronave y se ocultó toda observación sobre los cadáveres encontrados.

Finalmente nos informaron que el presidente Perón había escapado al Paraguay y que el gobierno estaba tomado por militares. Mientras tanto yo permanecía en mi habitación y cuando salíamos a almorzar y cenar, lo haciamos custodiados por soldados armados. Estuvimos prisioneros unos 20 días. Luego nos comenzaron a retirar por orden alfabético y después de un interrogatorio nos liberaron.

De repente el ejército se retiró y todo fue volviendo a la normalidad, retornamos a nuestras actividades de rutina, mantenimiento y reparación de los aviones y a volar como antes.

EL COMANDANTE MARTÍN PLESSL

El comandante Plessl era un excelente piloto, de ascendencia alemana, primero en su promoción, disciplinado, metódico, estricto, pero observábamos que interactuaba sólo con oficiales o suboficiales mayores y lo considerábamos un engreído.

A uno de los aviones se le había hecho una revisión completa y el comandante Plessl debía hacer el vuelo de prueba. Pero al hacer la revisión de los comandos que estaban en la parte delantera del avión, por detrás del borde de ataque, ajustaron mal los tornillos de la plancha que los cubría.

Cuando todo estuvo listo e iban a salir a probarlo, rodaron hasta la cabecera de la pista, probaron motores y comandos, dieron potencia y despegaron.

Apenas nivelaron para tomar velocidad, se desprendió el chapón arrastrando un tramo del borde de ataque. El avión se precipitó a tierra muriendo dos tripulantes y el resto con heridas múltiples, entre ellos el mismo comandante Plessl. Con el tiempo la Junta de Accidentes de la Fuerza Aérea determinó que esa había sido la causa del accidente.

Los sobrevivientes comenzaron a recuperarse. El manual de protocolo indicaba que, en caso de accidente y sobrevivencia del comandante, éste debe recibir las condolencias del personal que estaba a su cargo.

Fue así que, luego del suceso, estábamos reunidos varios militares y se acercó un suboficial mayor, al que apodábamos "La Víbora", y nos preguntó cuál de nosotros tenía menor antigüedad. Resulté ser yo. Entonces me dijo que tenía que ir a la clínica donde estaba internado el comandante y expresarle nuestro pesar por su situación y desearle una rápida recuperación.

Le pedí al suboficial si podía eximirme de esa tarea, a lo cual me preguntó el motivo por el que me negaba a ir. Le dije que realmente sentía lo que había pasado y que deseaba su recuperación, pero que no tenía simpatía por el comandante, y que sentía que asignarme esa misión sería un acto de hipocresía. Ante mi negativa, otro de los suboficiales hubo de asumir ese papel

El comandante Plessl, evidentemente a través de La Víbora, se enteró de lo que yo había dicho. Pasaron unos 20 días y de improviso, se presentó en la zona de hangares.

Se desplazaba con muletas y por recomendación de los médicos debía hacer ejercicios. Se instaló en una de las oficinas y me mandó a llamar.

Cuando estuve frente a él me dijo:

—"Wegrzyn, cuando yo estaba en la clínica me comentaron que Ud vertió cierto comentario desagradable sobre mi persona y quiero saber si lo que me han dicho es verdad y las razones de tal expresión"-.

No pude negar mis dichos ni mi responsabilidad, por lo que tuve que asentir y me quedé esperando su reacción, pero sólo me miraba como esperando que continuara. Entonces, le hice saber que, en mi opinión, él se había hecho merecedor, con su actitud, de haber construido ese concepto sobre su persona. No me contestaba y sólo me escuchaba imperturbable.

Siguiendo un impulso primero para llenar los vacíos de silencio, y luego empezando a sentir que tiraba mi carrera por la ventana, me paré firme y decidí expresar todo lo que sentía por cierta oficialidad que discriminaba por jerarquías.

Me envalentoné y le dije que entendía el sistema de rangos, pero que yo tenía muy claro que la camaradería no debía estar ausente, que cada tripulación era un organismo, que debía funcionar sincronizadamente y en el que cada uno, independientemente de la jerarquía, debía desempeñarse con responsabilidad y esmero, y que esa tarea, así como quien la lleva adelante, debían ser respetadas.

Que no era una cuestión de castas. Le expresé que lo veíamos engreído, como si se sintiera parte de una raza superior y le hice notar que, si no fuera por el equipo que conformaba la tripulación, él no podría volar.

Iba a continuar con esta suerte de catarsis pensando que estaba jugado el todo por el todo, y que ya no importaban las consecuencias, pero me paró en seco y me invitó a salir afuera para seguir conversando mientras caminábamos. Comenzamos a caminar por la plataforma recorriendo toda la zona frente a los hangares, toda una tarde, hora tras hora, ante la mirada asombrada de los otros mecánicos.

Yo estaba un tanto sorprendido porque esperaba un inmediato castigo sin explicaciones, pero en lugar de eso sentí que ahondaba e inquiría por mis antecedentes, por mi formación y buscaba interpretar mi manera de pensar. Era una persona muy instruida y de a poco fuimos abordando todos los temas. Política actual, historia, geografía de la argentina, literatura.

Había pasado la barrera que se nos impone por jerarquía, estaba muy inspirado y no evadí ningún tema.

Siempre fui un asiduo lector y de chico mi madre había comprado la colección de "El Tesoro de la Juventud" que había leído casi completa y para su asombro, pude desarrollar una conversación interesante y de buen nivel. Por mi parte sentí, que luego de ese escaneo cultural, fue tomando una actitud que me hizo sentir cada vez más cómodo y que fue revirtiendo el rechazo que antes le tenía en una gran simpatía.

Descubrí que el comandante Plessl era un caballero con una fachada elitista. Me sentía avergonzado de haberlo juzgado tan mal, sin conocerlo lo suficiente, desde una posición prejuiciosa, y comencé a verlo por todos sus valores, los que ya conocía como disciplinado militar y su profesionalismo como piloto y ahora por sus cualidades humanas.

Regresamos a la oficina donde habíamos comenzado nuestra conversación y me hizo saber que estaba muy satisfecho por la charla que habíamos tenido, porque nadie nunca se había atrevido a hablarle así, que le había dado una nueva visión y que intentaría modificar su relación con las personas.

Yo le pedí disculpas por mis dichos y le hice saber que estaba muy agradecido por la oportunidad de conversar y que me ponía a su disposición para lo que requiriese.

Habiéndole contado de mis aspiraciones de ser piloto, para lo cual ya había comenzado el curso en San Luis me aseguró que, apenas volviera a volar, me pediría para sentarme a su lado como copiloto.

Era bastante común que los comandantes, fueran asistidos por mecánicos veteranos. Lidiar con los cuatro motores no era tarea fácil. Mantenerlos uniformes y sincronizados, paso de hélice, mezcla. Era una gran oportunidad de crecimiento en mi carrera.

A partir de ahí comencé a sentir una gran admiración por este señor Comandante, el cual pasó a ser, a mis ojos, un modelo de oficial que prestigiaba a nuestra Fuerza Aérea.

Al poco tiempo salió mi pase a Esquel y debí optar entre seguir volando en los grandes bombarderos o afincarme en el sur junto a mi familia. Elegí el sur. El comandante Plessl lamentó mi decisión pero se ofreció él mismo a llevarme a mi nuevo destino, el aeródromo de Esquel, en uno de los Avro Lincoln, a modo de despedida.

Mantuvimos el contacto y seguí su carrera militar, diplomática, como jefe de la I Brigada Aérea, como uno de los jefes del escuadrón de Camberras, los nuevos bombarderos que reemplazaban a los Lincoln, como Director de la Escuela de Aviación Militar y siento que fue un privilegio servir a sus órdenes. Su muerte, en el año 1983, en un accidente aéreo en el que él no iba a los controles, me afectó profundamente y aún hoy me conmueve. Sentí que nuestra patria perdió, en ese accidente, a uno de sus grandes hombres.

MI MATRIMONIO

Mi vida en la base de San Luis transcurría sin mayores sobresaltos. Me había acostumbrado a la disciplina militar, volaba mucho, tenía un buen ingreso y podía ayudar a mi familia.

Cuando nos daban licencia, ésta no superaba los diez días, no me alcanzaba para ir hasta Esquel. El viaje en tren implicaba tres días de ida y otros tantos de regreso. Mi madre, a quien más extrañaba, había fallecido hacía poco, a sus 49 años, por una afección al corazón.

Decidí visitar a mi hermana Tilsa en Buenos Aires.

Al segundo día de mi estadía, mi hermana, enfermera de profesión, me comentó que iba a visitar a una chica que había sido mi compañera de secundaria en Esquel, Emma Rouger Lezana, y me invitó a acompañarla. De inmediato fui invadido por recuerdos que había atesorado fuertemente, ya que me había enamorado profundamente de ella cuando ambos éramos chicos y vivíamos en Esquel, pero nunca le había dicho nada. Luego la vida nos había separado y nunca más la había vuelto a ver. Y habían pasado muchos años.

Mi hermana me puso al tanto de su situación actual. Emma estaba enferma, la habían operado de la columna y desde hacía varios meses estaba inmovilizada y enyesada desde el cuello hasta la última vértebra.

Estaba internada en el Centro Gallego. Cuando la vi nuevamente sentí un ataque de amor, me volvieron todos los recuerdos que solo eran míos, porque nunca los había compartido con ella.

En la escuela siempre la había admirado a pesar de ser unos pocos años menor ¡no había en ese tiempo quien recitara mejor que ella! Tanto que la llamaban de otras escuelas. Día a día esta chica me gustaba más, pero sentía un gran distanciamiento social. De sus tíos, el que no era juez, era político o abogado. Uno de ellos había sido gobernador del entonces Territorio del Chubut, el Dr. Julio Lezana.

Así que no sabía nada de mis gustos o de mi, también éramos demasiado jóvenes para hablar de amor de estudiantes, como dice la canción "Hoy un juramento, mañana una traición/ amores de estudiante, flores de un día son". La canción del estudiante no era para mís intenciones.

Yo ya me había enamorado de ella y esperaba que Dios me diera una manito para encontrarla algún día. Ese día apareció. En este momento estaba con la chica de mis sueños y nunca había conocido su historia.

Me acerqué, le di un beso y se le cayeron unas lágrimas. Estaba tan linda como yo la recordaba. Más tarde me dijo que le dio un poco de vergüenza que la viera así, en ese estado, y se sorprendió mucho que la fuera a visitar. Conversamos hasta finalizar la hora de visita, abstrayéndonos de la presencia de Tilsa quien se dio cuenta inmediatamente que sobraba en esa reunión.

Me pidió que fuera a visitarla cada vez que pudiera y llenar el vacío de tantos años. Estuve en cada hora de visita todos los días que estuve en Buenos Aires. Hablamos del pasado, del presente y … del futuro.

Dos días antes de volver a la base no pude contenerme y tuve que confesarle mi amor por ella. Me dijo que desconocía su situación de salud hacia adelante, pero nuestro encuentro le había dado una nueva fuerza, energía y alegría para vivir, de salir adelante. Me confesó que yo tampoco le había sido indiferente y que lamentó no haber sabido más de mí. Si se recuperaba aceptaba acompañar mi vida, pero si no iba a caminar, lo que le habían dado como posibilidad cierta, no quería ser una carga.

A ello le respondí que cualquiera fuera el resultado y aunque no pudiera caminar yo la llevaría en brazos adonde fuere. Me haría cargo de ella completamente. Quedó dudando un tanto, pero antes que dijera nada le expresé que mi amor por ella era más grande que cualquier sacrificio que apareciera.

Comprendí su noble manera de pensar, pero cuando el problema es grande y no está en nosotros resolverlo, hay que acudir a alguien que puede hacerlo y solicitar su ayuda. Me refiero a Dios, que yo entendía que ya había obrado para nuestro reencuentro, y si lo hizo es porque Dios no abandona sus hijos, ambos éramos cristianos y con fe íbamos a salir adelante.

Su madre había muerto cuando ella tenía un año y su padre le siguió poco después. Su hermano Julio era demasiado joven para hacerse cargo, por lo que fue recibida por su abuela. Uno de sus tíos fue a Esquel a trabajar en tribunales y las invitó a compartir su casa. Esos fueron los años que compartimos. Pero al tiempo, la abuela enfermó, fue llevada a Buenos Aires y falleció al poco tiempo.

Emma volvió a quedar sola. Una hermana de su padre se hizo cargo de ella y así pudo completar sus estudios y recibirse de maestra. Como ahora, se requería de algún contacto empresario o político para obtener trabajo. Una de sus compañeras era hija de un amigo del chofer del presidente Perón, que le llevó una lista de todas las egresadas en esa promoción y a todas las ubicaron en escuelas de la capital como maestras titulares. A Emma Rosa le tocó una escuela en Florida al 7.000 de la calle Rivadavia.

Mientras estuvo en la escuela estaba contenta porque tenía cierta independencia económica y ahora podía regalarle algunas cosas a la tía que la cuidó mientras estudiaba. Lamentablemente esta buena situación que estaba viviendo no duró demasiado. Comenzó a tener fuertes dolores en la espalda y al poco tiempo ya no podía caminar. La internaron y luego de muchos estudios llegaron a determinar que la última vértebra estaba desviada y había que operar y enyesar por largo tiempo. Así lo hicieron y enyesaron su cuerpo, desde el cuello hasta la pelvis, dejando libre sus piernas que iban menguando el movimiento. Los médicos dudaban de que volviera a caminar.

Hoy siento que Dios preparó el momento. Me contó que durante esos seis meses que llevaba postrada tuvo muchas visitas, pero siempre tenía la esperanza de que yo pudiera aparecer algún día. Por eso lloró cuando me vio llegar.

Llegó el día de despedirnos y me dijo que recientemente la había visitado uno de los médicos. Que había notado una gran recuperación y que en la próxima semana le iban a sacar el yeso grande, iban a revisar su estado y probablemente le harían un yeso que cubriera sólo la parte afectada. Esto le permitiríaun mayor movimiento de sus miembros inmovilizados por tanto tiempo de yeso y comenzar con la recuperación motora.

Llegó el momento de irme, un poco tristes por la separación pero contentos por nuestro reencuentro. Emma Rosa se sentía cambiada y con un nuevo fulgor, con nuevas fuerzas para vivir y con mucha esperanza. A mí me pasaba lo mismo y estaba feliz.

Me iba a escribir dos o tres cartas por semana y se conformaba con que yo le escribiera una. Me iba a mantener en contacto permanente de su situación, fuesen noticias buenas o malas.

Cuando me iba a ir, me animé y la abracé. Sentí que su amor invadía mi cuerpo y de mí salía la misma sensación. Fue algo tan hermoso y tan intenso que aún hoy es uno de los recuerdos que me hace fuerte, que me ayuda en situaciones de adversidad.

Al día siguiente tomé el colectivo para Río Cuarto, había mucha gente en la terminal donde tenía que tomar otro micro para Villa Mercedes. Estaba eufórico y no me afectó que me robaran la billetera, cuando quise pagar y noté que no la tenía, le pedí al chofer si me podía llevar igual. Accedió y a mitad de camino me dijo que bajara porque había un control, que corriera y dos cuadras más adelante, me iba a levantar. Le prometí que al día siguiente le pagaría el pasaje, cosa que así hice y de paso le llevé una botella de whisky por el favor que me hizo.

Muy pocos días después llegó la primera carta de mi novia. Fueron todas buenas noticias. Le habían sacado el yeso grande y la encontraron mejor de los que ellos pensaban, especialmente la vértebra operada y su entorno. Le hicieron un nuevo yeso, mucho más corto y sólo por prevención y le dijeron que se lo iban a sacar entre 1 y 2 meses. Que podía sentarse en la cama y tratar de caminar 1 o 2 pasos con la ayuda de una enfermera. Mientras tanto, ahora que tenía un fuerte motivo para viajar a Buenos Aires, acordé con mis compañeros que vivían en San Luis, para que me cedieran su lugar en cada viaje posible. Todos los aviones eran iguales y también las tareas. Por otra parte, ellos preferían quedarse en sus casas.

Mi primera ida a Bs As con pernocte fui a verla, todavía estaba en la clínica pero ya se levantaba sola y había empezado a caminar sin ayuda y me dijo que en poco tiempo le iban a dar el alta. Me contó que su salud mejoraba día a día. Había llamado a su escuela y le habían dicho que su puesto estaba disponible aun habiendo faltado más de 1 año. Al día siguiente regresé a la Base y estaba mucho más tranquilo.

Le pedí permiso para llamarla Pecky, la veía tan pequeña y vulnerable que se me antojó un apelativo cariñoso. Así la llamarían luego toda su vida.

En cada una de sus cartas me contaba que había una mejoría. Había comenzado a trabajar y se había hecho cargo de un grado en la escuela. Su hermano Julio se había casado y había alquilado un departamento en el 8vo piso de un edificio al oeste de la ciudad, cerca de la pista de carrera de fórmula uno. Apenas le dieron el alta se la llevó a vivir con él.

Los médicos le recomendaron no agacharse, no levantar cosas, caminar poco y no trabajar demasiado. Ella les contó que tenía un novio en la Fuerza Aérea y que la idea era casarse y tener hijos. Pero le recomendaron que no debía embarazarse. Esto me lo ocultó durante un tiempo.

Seguíamos haciendo planes y ahora que yo iba más seguido a Buenos Aires decidimos casarnos, fijando la fecha el 7 de diciembre de 1955. Yo había pedido el cambio de destino a Comodoro o a Río Gallegos para estar más cerca de Esquel, pues mi padre después que falleció mamá, estaba muy triste según contaba mi hermano Horacio.

En una de sus cartas, Pecky me contó que Julio, su hermano le dijo que él debía autorizar su matrimonio porque estaba bajo su responsabilidad y que le preocupaba no conocer al pretendiente. Yo también quería conocerlo, no precisamente para pedirle permiso, pero iba a ser mi cuñado. En mi siguiente viaje fui a su departamento. Resultó interesante, charlamos un rato y antes de irme dijo - "no parece un sinvergüenza, así que estás autorizada". También dijo que lo único que quería era conocerme y que si su hermana me había elegido era porque estaba muy segura de lo que hacía porque la conocía bien. A mí me resultó un tipazo. En ese momento estaba muy contento porque su esposa había tenido un varón y su hermana se casaba.

Se aproximaba la fecha de casamiento, comencé a buscar una casa y a comprar muebles. Conseguí una en Villa Mercedes con una habitación, cocina, baño, sin patio, pero tenía un parral con vides. Estaba cerca de la estación y éramos vecinos de los autores de la cueca cuyana "Calle Angosta" esa canción gaucha de las que están tan orgullosos los mercedinos. Llegó la fecha y pedí permiso para viajar y los días que me correspondían por casamiento.

Nos casamos por civil muy cerca de donde vivía mi hermana Tilsa, siendo ella y su esposo los testigos. A dos cuadras había una iglesia evangélica metodista donde un pastor muy agradable bendijo nuestros votos. Mi amigo Eric Ericsson nos tomó fotos, quien además tenía un taxi y lo puso todo el día a nuestra disposición y también nos consiguió un hotel en Constitución. Al día siguiente tomamos el tren para ir a Esquel para visitar a papá, a Betti y Horacio, mis hermanos menores.

Estuvimos una semana en Esquel y regresamos a Mercedes donde dos compañeros míos nos habían pintado y acomodado la casa, habían pintado además una bandera de Boca Juniors desconociendo mi simpatía por Huracán. No estuvimos mucho tiempo en esa casa alquilada. Fuera de la Brigada y cerca de la misma había varios chalets y justamente uno ocupado por un suboficial mayor quedó desocupado porque se retiró de la fuerza.

El encargado de ese grupo se enteró que yo estaba buscando una, me la ofreció y acepté de inmediato. Era una casa muy cómoda, con 3 habitaciones, cocina, baño, comedor y totalmente amoblada y sólo pagábamos el agua y la luz. A pocas cuadras había un almacén que abastecía al personal de la base por lo que no nos faltaba nada. La ciudad estaba aproximadamente a 10 km pero había transporte permanente. Allí nació nuestro primer hijo que falleció al poco de nacer por una debilidad congénita. Luego, nació mi hijo mayor Daniel Roy. El hijo del pastor de la iglesia, médico, atendió a Pecky durante su segundo embarazo y gracias a su capacidad, Dany nació sin inconvenientes para él ni su mamá.

A nosotros en San Luis nos iba muy bien. Estábamos muy felices, no nos faltaba nada y a Pecky le salió el pase a una escuela de Villa Mercedes. Tomaba el colectivo a la entrada de la base acompañada por un perrito que teníamos en casa y la esperaba en la escuela todos los días, luego volvía en el colectivo con ella. Dábamos gracias a Dios todos los días por todo lo que nos había dado y la manera en que nos cuidaba.

A poco de nacer mi hijo Daniel, fui notificado de mi pase a Esquel. Nos invadió una sensación de inseguridad. Estábamos muy bien en San Luis, yo avanzaba en el curso de piloto del aeroclub de Mercedes, la posibilidad de volar a la derecha con el comandante Pessl, ambos teníamos un buen trabajo, una casa cómoda y buena relación con compañeros y vecinos.

Sometimos nuestra situación a oración y coincidimos en que debíamos aceptar este nuevo cambio de rumbo. El comandante Pessl tenía un vuelo al sur y nos llevaría a nuestro nuevo destino. Era febrero de 1958. Acomodamos a nuestro hijo en una canasta, bien abrigado y emprendimos el viaje. Era la segunda vez que aterrizaba un Avro Lincoln en Esquel, lo que despertó la curiosidad de todo el personal. Además traíamos bastantes cosas, ya que el avión lo permitía. Tomé el lugar del suboficial mecánico recientemente fallecido en el accidente. El avión destrozado aún estaba allí, a unos 200 m al norte del aeropuerto donde actualmente hay un monolito recordatorio.

Fecha: martes 14 enero 1958
Junkers Ju-52/3m
Operador: Ministerio de Agricultura
Registración: LQ-ZBM
Numéro de série: 5120
Total: Fatalidades: 7 / Ocupantes: 7
Daños en la Aeronave: Totales
Ubicación: 0,3 km (0.2 milles) de Esquel Airport, CB (EQS) (Argentina)
Fase: Ascenso Inicial (ICL)
Aeropuerto de Salida: Esquel Airport, CB (EQS/SAVE), Argentina

ESQUEL. MI NUEVO DESTINO

En oportunidad de que surgiera un vuelo para Río Gallegos para mi máquina, el Bravo -016 y que debía pilotar el Comodoro Galina, quien entonces era el jefe de la Base se me dió la oportunidad de conversar acerca de mi deseo de radicarme en el sur.

El viaje de ida fue normal pero al regreso entre Comodoro y Trelew un motor comenzó a fallar y perdió potencia por lo que hubo que detenerlo. El aeropuerto más próximo era Trelew y hacia allá nos dirigimos con los tres motores restantes. El comandante Galina llamó a la Base informando lo que había ocurrido, pidiendo que vinieran a buscar la tripulación, pero no manifestó apuro.

El gobernador del Chubut era hermano del nuestro jefea y él se sentía muy a gusto en esa provincia. Mientras venían a buscarnos de la ciudad tomamos mate y charlamos de las cosas que habían ocurrido en el gobierno. Yo tenía presente que había pedido el pase al sur y aproveché para recordárselo al comandante. Me contestó que a la vuelta iba a investigar esa posibilidad.

Mientras tanto, una noticia nos impactó.

Nos llegó información de un trágico accidente aeronáutico en Esquel, protagonizado por un avión Junker JU-52, el LQ-ZBM comandado por el piloto Antonio Cegliastro.

Este era un gran avión trimotor de origen alemán, muy usado en la segunda guerra para el lanzamiento de paracaidista y también como bombardero. Sus dimensiones superaban la capacidad del hangar por lo que se había amarrado afuera. El fuerte viento los obligó a poner trabas de madera en los alerones, flaps y timón de dirección, para evitar que éstos se sacudieran.

El avión había sido de la Fuerza Aérea y luego fue transferido al Ministerio de Agricultura de la Nación. En esta oportunidad debía hacer un sobrevuelo de reconocimiento de bosques antes de continuar hacia Bariloche.

Al hacer la inspección de pre vuelo olvidaron quitar las trabas del timón de dirección. Dieron potencia, despegaron, y al notar las trabas de comandos intentaron volver a la pista pero la maniobra fue infructuosa. No pudieron aproximar al eje de la pista y tocaron el terreno fuera de ella, muy cerca de las instalaciones del aeropuerto. El avión se destrozó por completo, muriendo la totalidad de sus ocupantes.

Fue un 14 de enero de 1958. Me afectó particularmente porque en el avión viajaba un mecánico aeronáutico, el cabo principal Armando González, basado en el aeródromo de Esquel y encargado del manejo de los grupos electrógenos del aeropuerto. Teníamos el mismo grado y especialidad y habíamos hablado varias veces para intercambiar nuestros destinos una vez que naciera mi hijo, a fines de ese mes.

En el avión debía subir Don Manuel González, un conocido vecino de la ciudad, que más tarde sería uno de mis compañeros de trabajo. Este no pudo viajar y cedió su lugar a mi colega quien falleció en el accidente.

El B-016 quedó en Trelew y yo como encargado con él, hasta que cambiaran el motor y viniera una tripulación a buscarlo. Fue una operación que llevó más de 10 días. Cuando regresé a la Base supe que al comodoro Galina le habían asignado un nuevo puesto como director de personal de la Fuerza Aérea y una de las primeras cosas que hizo fue tramitarme el pase a Esquel para reemplazar al mecánico fallecido.

Me acerco al fogón y agrego unos troncos de ñire seco antes que llegue la noche. Es invierno en Cholila y un profundo silencio invade el atardecer. Me arrellano en mi sillón y disfruto esa profunda paz del lugar. Pero mi mente se ha disparado y sin poder evitarlo ni tampoco resistirme, vuelvo a bucear en el pasado.

Me adapté rápidamente. Nos asignaron una de las tres casas destinadas al personal residente y pasé a formar parte del staff de 9 personas que atendíamos el aeropuerto. Un jefe de aeródromo, tres controladores de torre que, siendo radio operadores, una buena parte de la comunicación la hacían con el sistema morse, tres responsables de meteorología, y dos técnicos en radio, ambos además radioaficionados. Uno de ellos, el nombrado Don Manuel González, que escapó a la muerte cuando decidió no subir al Junker accidentado.

Don Manuel era el mayor de todos nosotros, un personaje muy conocido y querido en la ciudad de Esquel, había sido corredor de autos y era amigo de Fangio, quien a veces lo visitaba en Esquel y lo veíamos descender en el avión de Aerolíneas Argentinas.

Aerolíneas tenía cuatro vuelos semanales. Partiendo de Buenos Aires hacía escala en Santa Rosa, Neuquén y Bariloche. Los vuelos se hacían en los Douglas DC-3. Un avión diseñado para el transporte de tropas militares y muy utilizado luego por las aerolíneas de la época. Las dos pistas habilitadas eran de tierra.

Mi tarea de encargado de usina no me insumía demasiado tiempo, por lo que me dediqué mucho a plantar árboles haciendo cortinas contra el viento y zanjas para el riego, organizábamos partidos de fútbol y otras actividades propias de la convivencia en el lugar. Pero extrañaba la actividad de vuelo.

Vivimos mucho tiempo en el aeropuerto. Mis hijos se criaron en un ambiente de campo ya que el aeródromo estaba muy distante de la ciudad. Y si bien, abrigábamos cierto temor, como joven pareja y a partir de nuestro primer hijo fallecido, por la lejanía a un centro de salud, con el tiempo, y bajo la guía del Dr. Edgar Winter, quien nos acompañó desde el primer momento, contactándose con nuestro médico en San Luis para interiorizarse de los sucedido. Nuestros hijos fueron creciendo muy sanos, especialmente por el contexto ambiental.

El Dr. Winter era un estudioso de la medicina natural y tenía un gran conocimiento de las plantas que tenían propiedades medicinales en la zona. Nos enseñó a "tirar el cuero"y varias prácticas de primeros auxilios, que hacían innecesarios los traslados frecuentes a su clínica. Y no sólo fue nuestro médico pediatra, sino también nuestro padrino espiritual, Dada la lejanía a centros de salud, nos enseñó prácticas de primeros auxilios y hasta a "tirar el cuero"ante eventuales empachos. Lo admirábamos y era un ejemplo. El y su esposa tenían seis hijos propios y habían adoptado otros seis que habían sido abandonados.

Pero vivir en el aeropuerto, aunque era agradable porque hacíamos vida de campo en un ambiente aeronáutico, tenía sus complicaciones, no sólo en las cuestiones de salud, especialmente con dos hijos tan traviesos como mis hijos René y Vilma que nos tenían a los sobresaltos, sino porque cuando todos alcanzaron edad escolar debían trasladarse hasta la ciudad para ir a la escuela.

Todas las familias estaban en la misma situación, por lo que nos organizábamos entre los matrimonios para llevarlos.

Mi esposa daba clases en la escuela Nacional Numero 54. Cuando pudimos nos compramos una furgoneta citroen. La primera que llegó a Esquel. Sólo tenía 12 caballos, pero todos los días iba y venía a Esquel cargada de chicos a la escuela. El camino era de tierra y se llenaban de polvo. Los chicos metían su guardapolvos en una bolsa para que llegaran limpios y se lo ponían antes de ingresar al establecimiento escolar. Más tarde la cambiamos por un citroen 2CV.

UNA CAMIONETA PARA EL AERÓDROMO ESQUEL

Un día recibí un llamado del Depósito de la Región Sur. Me informaban que había llegado el vehículo que necesitábamos para el traslado de personal. Un pedido que ya llevaba 5 años, por lo que inmediatamente fui a buscarla.

Al llegar, y como correspondía al protocolo, debí presentarme al jefe de la base. El Vicecomodoro Rodolfo Echegoyen me recibió en su despacho. Se había hecho cargo recientemente de la IX Brigada, en forma temporaria, hasta que regresara el jefe titular. Muchos años después, como brigadier y a cargo de la Aduana, este militar sería asesinado por sus investigaciones de corrupción.

Luego de presentarnos, me preguntó los motivos de mi visita, a lo que respondí que venía a retirar el vehículo que había sido asignado al aeródromo de Esquel. Para mi sorpresa me hizo saber, que el móvil en cuestión, había sido reasignado al aeropuerto de Viedma. Intenté explicarle de la importancia y necesidad que teníamos de una camioneta para el traslado, que el aeródromo había crecido en personal, que mucho de ese personal vivía en la ciudad y que estaba muy distante del aeropuerto. Que era vital para el buen funcionamiento.

Su respuesta fue muy directa. No necesitaba explicaciones, él ya había tomado la decisión según las prerrogativas de su cargo y función. Se alegraba de que nos hubiésemos conocido y lamentaba que no me hubieran informado, pero dispondría para el día siguiente un avión Twin Otter y su tripulación para llevarme de regreso a Esquel. Debía presentarme a las 9 de la mañana en el aeropuerto que ahí me estarían esperando.

Salí bastante deprimido, pero me fui al depósito a ver la camioneta que no me podía llevar.

Era hermosa, una Ford F100 nueva, carrozada con tres filas de asientos. El vehículo ideal y que cubría exactamente nuestras necesidades.

Mientras la estaba mirando, apareció el Jefe de Depósito, que evidentemente ignoraba mi charla con el jefe y la decisión que éste había tomado de cambiarle el destino.

Sin que yo le preguntara nada, me dijo que el tanque estaba lleno y que había en el depósito varias cosas para llevar a Esquel. Podíamos aprovechar que la camioneta iba vacía, cargarla y si quería podía salir enseguida.

Fue un instante. Ni siquiera lo pensé. Sumando audacia, desobediencia y autojustificándome, le dije que tenía que hacer trámites en la ciudad y que saldría en la madrugada. Que me la dejara preparada y las llaves se las dejara al sereno. Yo vendría a las cuatro de la mañana y me la llevaría. No podría salir en ese momento porque el jefe se enteraría enseguida.

A las cuatro de la mañana puse en marcha y salí para Esquel en la flamante camioneta. A las nueve la tripulación del Twin otter me estaba esperando, y al no aparecer todo se fue revelando.

El mensaje llegó inmediatamente. Fue tomado por el torrero en el código morse. Así se transmitían los mensajes no radiales en ese momento. Tenía 20 días de arresto y debía llevar inmediatamente el vehículo de regreso. Uno de los pilotos de LADE amigo, Juan Carlos Ahrtz, al pasar por Esquel, me dijo que la oficina del jefe estaba a punto de estallar. Alegué un problema mecánico para ganar tiempo y justo llegó de regreso el titular de la base, que se vió envuelto en un gran dilema, ya que él, conociendo la situación de los aeropuertos había gestionado personalmente la adquisición de ese y otros vehículos. Pero yo había desobedecido las órdenes de un superior.

Pasaron los días, el vehículo seguía en Esquel, desconozco que pasó con mis días de arresto. Yo ya había pedido el retiro y no me preocupaba demasiado. Pero casi un mes después, apareció por nuestro aeropuerto el jefe titular y apenas se bajó del avión me dijo - Wegrzyn, tengo que ir hasta la ciudad, ¿me presta la camioneta?

CAMINOS FRUSTRADOS

Mi vida en la Fuerza Aérea me conformó con creces. El vínculo con los aviones, aventura, viajes, camaradería eran componentes que hacían muy rica y formadora su paso por ella.

Sólo tuve dos decepciones, y ambas debidas a la política.

La primera de ellas en el contexto de las negociaciones que Argentina estaba teniendo con el Reino Unido de Gran Bretaña por la cuestión Malvinas. A partir del rescate de malvinenses y de vuelos que luego fueron regulares por la línea aérea LADE, había muy buena relación con los isleños. Gran Bretaña los tenía bastante abandonados y vincularse con Argentina les ayudó en mucho a salir de una suerte de precariedad.

Los primeros vuelos se hacían en aviones anfibios, pero luego, la Fuerza Aérea construyó una pista en las islas que permitió el puente aéreo con el continente. El gobierno nacional llevó Gas del Estado e YPF lo que mejoró en mucho sus sistemas de calefacción, para lo cual antes utilizaban turba recogida en las islas.

Fui convocado por el Jefe de la Región Aérea Sur. A partir de la regularidad que había alcanzado LADE en los vuelos, se requería un jefe de aeródromo con experiencia y conocimiento de meteorología, radio, grupos electrógenos, que supiera hablar algo de inglés, mejorable con estudio y práctica en el lugar. Por otro lado, debía ser militar.

Él me había recomendado aunque debía rendir un examen con otros 25 aspirantes.

Resulté primero en el orden de mérito y el Jefe extendió una búsqueda para mi reemplazo como Jefe de Aeródromo de Esquel, cargo que desempeñaba desde hacía varios años.

En principio debía estar dos años y me trasladaba con la familia. Era una gran oportunidad económica porque me pagaban una suerte de viático fuera del sueldo, cultural, lademás de aprender bien inglés, algo que me atraía mucho por mi y por mis hijos.

Poco antes de la fecha me convocaron para hacerme un examen psicofísico en Buenos Aires. Me extrañó porque ya tenía un certificado de aptitud de Sanidad de Comodoro Rivadavia, y mi condición de piloto exigía el mismo examen que lo hacía anualmente. Igualmente, acaté la orden, hice el examen y me volví a Esquel.

Días más tarde, me llamó el Jefe de Región. Estaba indignado porque habían bajado mi candidatura. En el examen sicológico había que dibujar una casita y siempre fui un mal dibujante, por lo que le hice unos retoques para corregir, pero el gabinete examinador determinó, a partir de esos dibujos, que tenía carácter agresivo y me bochó.

A juicio del Jefe, era una manera de quitarme de en medio porque mi lugar lo ocuparía un tripulante del avión presidencial de Isabel Perón que ni siquiera se había presentado a examen.

Mi segunda decepción fue por otra situación similar.

Yo había solicitado ser parte del reemplazo del personal que cumplía funciones en la Antártida, y nuevamente el Jefe de la IX brigada, como una forma de compensarme por lo que me había sucedido con mi pretensión de ir a Malvinas, influyó para que me contara entre ellos.

Todo iba bien. Tenía fecha para la operación de apéndice obligatoria antes de ir cuando nuevamente me frustran con el viaje.

Surgió una fuerte demanda por parte de las poblaciones de Gobernador Costa y José de San Martín. Ambos intendentes veían pasar los aviones de Lade en su ruta entre Esquel y Comodoro y pidieron que se organice una escala en el lugar. Había una pista en San Martín y allí podrían bajar los aviones de LADE. Las rutas que unían esos pueblos con Esquel, Comodoro Rivadavia o Trelew eran todas de tierra.

Por supuesto que esto no era fácil, requería de una logística que implicaba muchas cosas, por lo que, atendiendo al beneficio del lugar y por el peso político que tenían los intendentes en esa época y la presión que ejercieron, la Fuerza Aérea debió poner en estudio esa posibilidad.

Me prometieron el viaje a la Antártida al año siguiente, pero ese debía resignarlo en pos de poner en marcha un aeródromo controlado y formar personal para poder atender los vuelos que se harían en la escala.

El aeroclub estaba muy entusiasmado con el proyecto y pusieron a disposición sus instalaciones. Gendarmería Nacional también fue convocada y fui asignado para coordinar ese proyecto.

Llevamos equipos de radio, casilla meteorológica, grupos electrógenos y acondicionamos la pista. No pude ir con mi familia porque mis hijos iban a la escuela, mi esposa trabajaba de maestra y esto llevaría sólo unos meses.

Fue así como hube de reorganizarme. Gendarmería me proveyó un lugar para residir y el aeroclub me prestaba su piper PA 12 para que, los fines de semana, pudiera volar hasta Esquel y estar en mi casa.

Fueron tres meses de arduo trabajo y finalmente LADE terminó operando regularmente con sus aviones Twin Otters, se formó personal local que atendía los vuelos y de verdad, significaron mucho para esos dos pueblos que estaban lejos de todo.

Retorné a mis funciones en Esquel, pero nunca pude ir a la Antártida.

AEROCLUB ESQUEL

Desde que llegué a Esquel intenté contactar a la gente del aeroclub local, pero la institución estaba pasando por un período de inactividad. Hacía mucho que no funcionaba y sus miembros estaban bastante dispersos y desanimados por una serie de situaciones adversas. El fracaso de la compra de un Piper PA 11, la venta, por parte del propietario del campo afectado a la pista de aterrizaje y otras situaciones que los llevaron a abandonar la actividad.

No obstante, y a partir del interés de muchos que como yo, que querían reactivar el aeroclub, se decidió hacer una asamblea convocando abiertamente a la comunidad.

Fue sorprendente la cantidad de gente que se acercó a participar, de muy diferentes sectores, y muchos con el deseo de hacer el curso de piloto, entre ellos Pedro Augusto De La Vega, Jerry Apes, Jorge Godoy, Arturo Arden, Enrique González, Eduardo Ponce, Víctor Saunders, Néstor Larreguy, Juan Carlos Carmona, Enrique Aguilar, Juan Carlos Secuela, Alberto Illanes, Patricio Manzanel, Alejandro Conesa, Víctor Soae, Vicente González y Juan Carlos Chayep.

Bajo la presidencia de Patricio Manzanel conformamos una comisión provisoria con el fin de encaminar y regularizar la situación del aeroclub y que se convocara a una asamblea de socios para elegir la Comisión Directiva. Le dimos amplia difusión a través de LRA9, radio nacional Esquel y el diario Esquel para hacer saber que la institución estaba nuevamente en marcha.

Hicimos varias reuniones semanales, lanzamos una nueva conscripción de socios, recuperamos documentación y a mí me tocó la tarea de inventariar los restos del hangar de la institución que estaban en el aeródromo local. No había mucho. Todavía no recuperábamos la personería jurídica, tarea que se le encomendó entonces al diputado Alberto Fernández.

Finalmente, luego de ingentes y continuados esfuerzos de la comisión provisoria, estuvimos en condiciones de convocar a una Asamblea para elegir la Comisión Directiva que regiría los destinos del aeroclub por los próximos dos años, renovándose según establecía el estatuto.

Víctor Soae fue elegido presidente por unanimidad y nadie cuestionó a los restantes miembros.

Había mucho entusiasmo y aprovechamos que varios políticos locales se habían acercado,e hicimos una firme gestión ante el gobierno provincial para la adquisición del material imprescindible en un aeroclub: un avión propiedad de la institución.

Mientras tanto seguíamos trabajando. Ya teníamos 124 socios activos que pagaban su cuota. Disponíamos de un espacio en la radio local y frecuentemente aparecía un artículo en el diario Esquel contando nuestros avances y manteniendo la vigencia del rol del aeroclub en el medio social local. Hacíamos bailes, rifas, elegimos la primera reina del aire quien fue Ana María Larreguy. El comercio nos apoyaba y el Director de Turismo Antonio Torrejón nos hizo un lugar para nuestra sede social. La municipalidad nos adjudicó un lote para su construcción en la intersección de San Martín y Molinari.

Yo no me perdía reunión, las que se hacían semanalmente en forma ininterrumpida, y participaba muy de cerca en cada proyecto. Mi sueño de ser piloto estaba demasiado postergado y para lograrlo debía transitar este camino previo. La comisión me delegó, junto a Alberto Illanes y Sergio Bubas, el estudio para la construcción de una pista de aterrizaje.

Conseguimos que Vialidad nos hiciera la pista y el Regimiento 3 de Caballería de Montaña nos cediera el terreno. Por otro lado, Parques Nacionales y la Dirección de Turismo fomentaban la construcción de otra pistas cercanas al lago Futalaufquen. Años después hice allí el primer aterrizaje, antes de que estuviera totalmente terminada.

Presentamos un proyecto para la adquisición del material aeronáutico a través de legisladores, pero sus opositores lo boicotearon. Por tal motivo, el presidente del aeroclub, adoptó una acción directa, y acompañado por el diputado Alberto Debernardi se fueron a Rawson para hablar directamente con el gobernador. Como resultado de esta gestión se obtuvo la suma de dos millones de pesos para la compra de un avión de instrucción, entrenamiento y su mantenimiento, mas una suma mensual de $ 25.000 para apoyar a la escuela de pilotos.

Finalmente, pudimos comprar nuestro avión. Un Piper PA12 triplaza con motor Lycoming de 115 hp con matrícula nacional LV NXR, el cual llamamos "Pilmaiquen" (golondrina en lengua mapuche) y designamos "madrina" a la primera reina del aire, Ana María Larreguy.

Sería entregado el 15 de abril de ese año, 1966. El avión era propiedad del Sr. Américo Caseb, uno de los primeros pilotos de Aerolíneas y que fue acompañando el desarrollo de la empresa. Tuve oportunidad de conocerlo y mucho tiempo después hizo escala en Esquel, junto a mi hijo en un Piper Azteca trasladando truchas para siembra en lagos del sur.

Para la llegada del avión y su bautismo, organizamos para el día 22 de mayo un asado criollo, invitando al gobernador, instituciones eclesiásticas, deportivas, militares, socios, y todas las fuerzas vivas a efectos de darle una gran trascendencia. También un festival aéreo en el que se habían comprometido aviones Mentor de Acrobacia de la Fuerza aérea Argentina.

A la pista la hicimos en acuerdo con el dueño del campo por 10 años con el Sr. Robert, frente a lo que era en ese momento TESA. La municipalidad no podía dejarnos de cobrar impuestos inmobiliarios por tratarse de una propiedad en comodato, pero en un artilugio, tratado en el Concejo Deliberante, todo lo cobrado por ese predio se donaba al aeroclub. En definitiva nos "devolvían" el dinero. No pudimos hacer el festival y todo se atrasó por meteorología, días de lluvia y nieve. Mayo no es un buen mes para estas cosas, a lo que se sumaron algunas complicaciones burocráticas por parte de quienes debían autorizar el festival.

Pero el avión llegó, flamante y lo guardamos en el aeropuerto dado que aún no teníamos hangar en la pista del pueblo. A propuesta de Victor Soae fui designado oficialmente como el mecánico oficial

DON DEMETRIO COTTESCU. Instructor de Vuelo

Era fines del año 1966. Éramos muchos los aspirantes a pilotos que habíamos hecho el examen psicofísico, pero sólo 6 vinieron aprobados. Yo estaba entre ellos. Teníamos avión y pista. Sólo faltaba conseguir un instructor de vuelo

Don Demetrio Cottescu ya había hecho un principio de arreglo con la comisión anterior. Residía en Bariloche y era un reconocido piloto rumano que había volado en distintas misiones en la Segunda Guerra Mundial. Tenía una historia muy interesante. Había sido a sometido a situaciones extremas de combate aéreo. En un momento consideró tan injusta esa guerra que huyó con su avión cruzando el mar Negro, lo abandonó y escapó caminando. Consiguió salir de Europa y terminó recalando en Argentina, donde encontró otra vida, formó una familia y continuó con la actividad que lo apasionaba que era volar.

Lo contactamos nuevamente y decidió hacerse cargo de la instrucción. Apareció con su avión Skoda, un viejo avión lleno de problemas mecánicos. Según él decía "el que tiene un skoda..., que se joda"

Cottescu era un muy buen instructor y una muy buena persona, pero por sobre todas las cosas era un apasionado de la aviación y lo que más valoro es que nos supo transmitir esa pasión. Por otro lado, era un hábil piloto de planeador y consideraba que la zona era adecuada y que era un muy buen complemento de la instrucción de vuelo con motor.

Tuvimos que soportar situaciones de extrema exigencia y severidad, retos y hasta golpes en la cabeza que nos propinaba desde el asiento de atrás cuando no hacíamos las cosas como él decía.

Mientras desarrollábamos el curso, el instructor planteó a la comisión la compra de un planeador que estaba fuera de servicio en el aeroclub de Bariloche, un Grunau Baby II, cuyo empenaje estaba roto, pero a juicio de Cottescu, era fácil de reparar. Él planteaba que los cursos de piloto podían abaratarse mucho haciendo parte del mismo en el planeador, y que los pilotos salían mejor preparados.

Se aceptó su propuesta pero sólo se pudo acceder a un planeador roto que vino en un camión ante la aprobación del instructor que además era mecánico y se animaba a arreglar cualquier avión independientemente de su condición. Por algo tenía un Skoda.

El Baby finalmente estuvo reparado para volar, pero no había pilotos remolcadores, por lo que luego de algunas experiencias en la pista buscamos algunas laderas para remolcarlo con vehículos.

Eduardo Debernardi era el tuerca del grupo. Tenía un Ford nuevo y con entusiasmo lo dispuso para el remolque. Hicimos varios remolques en una loma cercana al arroyo Esquel camino a Trevelin con vuelos exitosos por parte de Cottescu, quien siempre encontraba alguna corriente ascendente para mantenerse un buen tiempo en el aire. Luego nos empezó a enseñar a volar el planeador y cuando teníamos unas treinta horas, aún sin ser pilotos, nos enseñó a remolcar con el PA 12.

Volábamos siempre con la pista a la vista desde la pista 26, alternando entre el planeador y el avión con motor. En una oportunidad Eduardo no alcanzó a llegar a la cabecera debido al viento de frente y terminó enganchado en el alambrado. El planeador, de tela y madera, quedó bastante estropeado, con posibilidades de reparación, pero lejos de nuestras posibilidades durante el curso. El que más lo lamentó fue el instructor, porque era un apasionado del vuelo a vela.

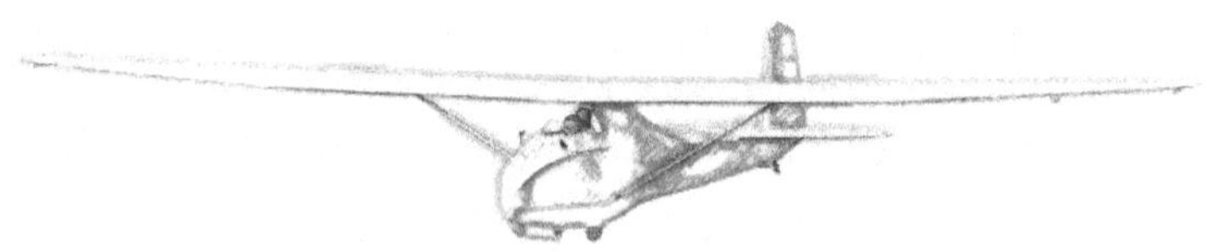

Finalizamos el curso el 19 de agosto de 1967. Salim Bestene, Alberto Illanes, Juan Carlos Sapata, Eduardo Debernardi, Jorge Resfgaard y yo. Vino un examinador desde Buenos Aires, inspector de aviadores civiles dependiente de la Fuerza Aérea argentina, el Sr. Carlos Giaccone a tomarnos examen y se sorprendió mucho de la calidad de nuestro vuelo, mérito especial de quien nos había enseñado. Nos felicitó y felicitó al instructor. Fuimos los primeros pilotos de una escuela en el aeroclub de Esquel. Por alguna razón que no recuerdo, la comisión se había distanciado y no fue un logro que el club destacara.

Don Demetrio Cottescu volvió a Bariloche aunque mantuvimos el vínculo. Lo extrañábamos y se había ganado nuestro respeto. Era la persona que sabía todo sobre el vuelo y sin su presencia sentíamos una suerte de orfandad.

PRIMERAS ARMAS

No obstante, nos mantuvimos en actividad, nuestros vuelos habituales eran hacia la ciudad, llevábamos correspondencia a Corcovado y hacíamos sobrevuelos sobre los bosques patrullando para la prevención de incendios.

Alberto Illanes y yo éramos los que estábamos siempre disponibles para los vuelos locales, dado que vivíamos en el aeropuerto, pero cuando había que hacer un traslado, lo hacía yo. Él estaba limitado porque los reportes meteorológicos se debían hacer cada hora.

La provincia nos proveía combustible para los patrullajes y en ocasiones otorgaba algún subsidio al aeroclub para el mantenimiento de la aeronave. Mi nuevo objetivo era ser instructor, para lo cual debía reunir mil horas de vuelo.

Se estaba construyendo el camino de asfalto a Trevelin. La persona que había venido para hacerse responsable de la ejecución de la obra tenía un Cessna y aprovechó las máquinas para hacer una pista al borde del camino, sobre el campo de Roberto Freeman en construcción, frente a una fábrica textil y donde hoy hay un supermercado mayorista (Diarco). Eso le evitaba ir hasta el aeropuerto y aterrizaba al lado de la ciudad.

A nosotros nos brindó la posibilidad de contar con una pista en la ciudad, la que usamos asiduamente.

Un día, en condiciones de calma, fui hasta allí y permanecí buena parte de la mañana hasta que comenzó a levantarse viento. Sabiendo que en el aeropuerto el viento era mucho más fuerte, procedí a poner en marcha y despegué enseguida.

Con mi poca experiencia notaba que la velocidad indicada era bastante diferente de la real. Con viento a favor iba realmente muy rápido. No pude comunicarme con la torre porque nuestro avión no tenía radio, y procedí a ingresar al circuito de la pista 26. Cuando viré de básica a final noté que el avión se frenaba y avanzaba muy lentamente. No tuve dificultades para aterrizar, pero una vez en el suelo vi cómo los coirones, un pasto de la estepa , estaban aplastados contra el suelo. Al llegar al final de la pista, y para rodar hasta el hangar debía ponerme de costado al viento por un momento.

Esperé unos 10 minutos que éste menguara, pero cuando decidí hacerlo una ráfaga me levantó el ala izquierda haciendo tocar la otra ala en el suelo y clavándome de punta en el suelo torciendo la hélice. Fue mi primer incidente/accidente.

Una vez reparado, nuestra actividad de vuelo continuó y surgió un vuelo a Lago Musters. El jefe del aeropuerto, Héctor Rossi debía presentarse en el lugar a pedido de la Jefatura de Región y los caminos estaban nevados pero la meteorología era muy buena, por lo que Alberto Illanes se ofreció como piloto y partieron.

No es posible determinar la cantidad de nieve sobre la pista desde el aire, pero Illanes hizo un aterrizaje normal. Apenas tocó el suelo, recorrió unos metros y la nieve frenó el tren volcando hacia adelante y quedando en situación invertida con las ruedas para arriba.

El piloto logró desprenderse y fue invadido por una profunda angustia. Daba vueltas alrededor del avión sin poder creer lo que había pasado. Tan afectado estaba que no escuchaba los gritos de Rossi que había quedado colgando del cinturón sin poder desprenderse. Un camión los llevó hasta Río Pico.

Fui designado, por la Junta de Accidentes y como mecánico de la Fuerza Aérea para hacer la investigación del caso. El avión se rompió bastante y como mecánico del aeroclub lo fui a buscar con un camión. Lo desarmé con ayuda del chofer y lo trajimos a Esquel. Luego lo despachamos a un taller de Bahía Blanca. Estuvimos mucho tiempo sin volar.

El CESSNA 206 LV ITJ

Comenzó a surgir la demanda de un avión más grande, más seguro en vuelos largos y más rápido, que nos permitiera hacer traslados de pasajeros y de enfermos. La provincia del Chubut puso en venta un Cessna 206, el LV ITJ, y si quien lo compraba era un aeroclub, se dispondría de grandes facilidades.

La compra se concretó y un instructor de Trelew nos trajo el avión y nos adaptó a él. El salto fue grande. De un Piper de tela a un avión de seis plazas. Considero que la instrucción fue insuficiente especialmente en la operación del motor. Pasamos de volar un avión de muy poca potencia a un motor de 280 caballos, con alimentación de combustible a inyección, doble instrumental, radio Vhf, hf, flaps.

Con el tiempo fuimos tomando confianza e hicimos muchos vuelos sanitarios y de traslado, entre noviembre de 1970 y febrero de 1971, hicimos 18 vuelos de traslado, de los cuales 12 fueron como avión sanitario a Trelew, Comodoro Rivadavia y algunos a Buenos Aires. Casi todos los hacía yo dado que era el que tenía mayor disponibilidad y eso me mantenía constantemente entrenado.

Pero en una oportunidad, surgió un vuelo a Buenos aires y fueron asignados otros dos pilotos. Mis tareas en el aeropuerto me impedían hacerlo. Salieron temprano y en la tarde nos llegó un mensaje que informaba de un aterrizaje de emergencia en la provincia de Buenos aires, impactando con un alambrado. La causa fue una mala operación del motor, tanto que cuando intentamos arreglarlo, estaba tan mal que la mejor propuesta era reemplazarlo. No logramos conseguir el dinero y finalmente perdimos el avión.

AL RESCATE DE MI HERMANO

Recibí un llamado de Tilsa, mi hermana, haciéndome saber que habían encontrado a nuestro hermano mayor, de quien no teníamos noticias desde hacía muchísimos años. Estaba pasando un muy mal momento y me pedía que lo fuéramos a buscar.

No hacía mucho que teníamos el Cessna 206. Hablé con las autoridades del aeroclub para pedir el avión y en una decisión tomada por la Comisión Directiva, el aeroclub se solidarizó con la situación y nos hizo saber que sólo requeriría el pago del combustible utilizado.

Tilsa vino a Esquel y una vez que el avión estuvo preparado despegamos con rumbo a Cutral Có en busca de nuestro hermano.

Humberto era hermano por parte de madre y no llevaba el apellido de nuestro padre polaco. Se había separado de nosotros siendo muy chicos. Mientras vivíamos en Patagones, él cuidaba de nuestra abuela Isabel en San Martín de Genoa.

Hizo su carrera como oficial penitenciario y era un ferviente militante radical. Estuvo asignado en un importante cargo en la penitenciaría de Esquel hasta que ascendió al grado superior y fue trasladado a Neuquén.

Una vez allí le dieron una elegante oficina que tenía un retrato de Perón, el cual reemplazó por uno del Gral. San Martín, de quien era admirador.

Al día siguiente se presentó un oficial que le comunicó que, por esa acción iba a ser degradado a la menor jerarquía e inmediatamente dado de baja. Mi hermano nunca pudo superar esto y cortó todo contacto con nosotros. De vez en cuando mi madre recibía alguna carta donde le contaba que no estaba bien.

Lo cierto es que se dio a la bebida, dejó de trabajar y se transformó en un linyera de Cutral Có, hasta que, en una oportunidad, le hicieron una entrevista por televisión en una suerte de cueva que se había armado con unas chapas y todos quedaron sorprendidos con su oratoria y nivel de instrucción, que no se correspondía con su aspecto.

Una agente de Bienestar Social del Neuquén lo visitó y logró sacarle el número de teléfono de Tilsa, porque se negó a recibir cualquier tipo de ayuda. Fue así como llegamos hasta el lugar donde residía, era lamentable, y no podíamos creer que éste era nuestro culto hermano.

Por otra parte estaba lastimado. Había tenido un accidente y necesitaba cuidados. Si bien se alegró de vernos, no quería salir de ese lugar y sentía mucho temor de volver a ser parte de una sociedad a la que había renunciado, no quería tener inserción y responsabilidades. Era una especie de pánico y se había refugiado en ese estado de miseria.

Logramos convencerlo, quiso llevarse algunas cosas, pero lo único que tenía algún valor era el mate y la bombilla. Buscamos un hotel, se bañó, afeitó y le compramos ropa. Era otra persona. Antes de que se arrepintiera nos fuimos al aeropuerto. Ya teníamos el avión listo, lo dispusimos en una camilla y despegamos.

A diferencia del primer vuelo, el regreso fue bastante complicado. Sobre El Maitén la nubosidad estaba bastante baja y para poder llegar tuvimos que bajar por el río Chubut casi hasta Gualjaina y desde ahí buscar el oeste hasta llegar al aeropuerto.

Mi hermano estuvo un tiempo con nosotros hasta que se recuperó completamente, y tomó la decisión de volver a Cutral Có.

Ante el temor de una regresión a su estado anterior, hablamos con la asistente social y le contamos que quería volver. Ella nos dijo que personalmente se iba a ocupar, ya que su familia le había tomado mucho cariño y ella se sentía, por haberlo encontrado y rescatado, responsable de cuidarlo en ese aspecto.

Y así fue, le consiguieron un trabajo, un lugar donde vivir pero al poco tiempo enfermó y falleció de una neumonía. Cuando fuimos a Cutral Có, esta misma familia se había ya se ocupado de entierro y exequias.

Debería ser motivo de análisis cómo algunas conductas sociales y decisiones tomadas en una institución pueden destruir una vida. Y desde otro lado, contraponiéndose a esto, destacar la existencia de personas desinteresadas y motivadas sólo por un sentido solidario, son movilizadas para brindar apoyo y contención en favor de personas vulnerables a las que no los une ningún vínculo. Quedamos muy agradecidos con esta familia.

EN BUSCA DEL CASTOR

Desde muy chico fui un curioso observador de la naturaleza, y pasaba largas temporadas en el lago Futalaufquen donde mi tía Rosalía, esposa de Luis Simoneta, me enseñaba el nombre de las plantas, los pájaros y animales que habitaban en el Parque Nacional Los Alerces.

Me gustaba explorar y junto a Quelo Arriola, en quien encontré un gran compañero de aventuras, hicimos muchas excursiones de exploración del Parque Nacional. Nos gustaba pasar días pescando en lugares donde muy poca gente llegaba, como el lago Rivadavia, que en ese entonces no tenía camino, el lago Chico o los lagos Situación y Uno, Dos, Y Tres, que desaparecieron luego con la construcción de la Presa Futaleufú conformando un solo gran embalse, el Amutui Quimei.

Hicimos travesías muy difíciles por donde jamás había entrado persona alguna. Y en los últimos años, junto a otros expedicionarios nos planteamos el desafío del redescubrimiento de las cascadas del Vodudahue, descriptas por Fray Luis Menéndez en sus crónicas y allí sepultadas.

En todas esas excursiones siempre me llamó la atención la escasa presencia de mamíferos mayores, a diferencia de lo que corre en la misma latitud en el hemisferio norte. Quedarnos sin comida implicaba no tener nada para cazar.

Por ello siempre insistí en estudiar posibles introducciones de especies exóticas, evaluando ciertas ventajas que estas tendrían y con la idea de enriquecer la diversidad. Esto me provocó interminables discusiones con Silvia, la esposa de Dany, extremadamente celosa de las especies nativas y defensora de las estrictas leyes de los Parques Nacionales.

Lo que narro a continuación sucedió mucho antes de que Dany conociera a Silvia.

Don Frederick Green compartía mi entusiasmo por la introducción de castores. Cuando nos conocimos potenciamos la idea de convencer a autoridades y hacer efectiva tamaña acción y comenzamos a pergeñar la idea de volar en el Cessna hasta Tierra del Fuego, observar en el terreno el trabajo de estos animalitos y tomar contacto con gente del lugar que nos permitiera capturar y traer al continente tales animalitos.

El castor es uno de los roedores más grandes que existen, aventajado sólo por el carpincho. Viven a orillas de los ríos y lagos y construyen diques para mejorar su hábitat cortando árboles al borde del agua.

Una vez en el suelo, destinan una parte para comida y lo que pueden arrastrar por el agua lo llevan para construir un dique que almacena una gran cantidad de agua. Estos estanques, según la pendiente, pueden tener una gran superficie aunque la altura de los diques no supere el 1.50 m.

Los castores construyen los diques con una ingeniería que prevé las crecientes por lluvia o deshielo. En el mismo dique construyen su madriguera a la cual ingresan por debajo de la superficie del agua. Estas son grandes construcciones que pueden tener una base de 3 o 4 m y una altura de unos 2 m.

El habitáculo normalmente tiene dos espacios uno para la hembra y sus crías y otro para el macho y que funciona además como área previa para sacudirse el agua. Una vez que el castor se instala con su familia, construyen una sucesión de lagunas aguas arriba y debajo de su lugar de origen.

Los cachorros crecen, se independizan y forman nuevas familias y crean nuevos diques y generan nuevas lagunas. De esta manera se van impermeabilizando los suelos, evitando la infiltración y logrando que el agua llegue más lejos.

Me atraía la idea de que los castores construyan una sucesión de diques en muchos de los arroyos que se secan en el verano y que generaban una gran mortalidad de truchas. Don Green opinaba parecido y organizamos el viaje.

Dany recién terminaba el curso de piloto y estaba muy entusiasmado en hacer ese largo vuelo en el entonces Cessna 182 del aeroclub de Esquel, el LV HFJ, un viejo avión, modelo 1948, de fuselaje angosto y cola parada, en el cual confiábamos mucho, tanto como para hacer este extenso viaje y cruzar el estrecho de Magallanes hacia Tierra del Fuego.

Una vez determinada la amigabilidad de la meteorología despegamos rumbo a Comodoro Rivadavia, nuestra primer escala y donde retiraría mi sueldo que contribuiría a solventar el viaje, cargaríamos combustible y continuaríamos hacia el sur.

La primer dificultad fue que las planillas de pago aún no habían sido confeccionadas y no podría contar con mi sueldo. Por lo que Don Greene debería hacerse cargo de los gastos hasta nuestro regreso, cuando lo compensaríamos.

Nuestra siguiente escala fue Río Gallegos, donde completamos combustible y pedimos el parte meteorológico. El informe indicaba una capa de nubes a unos 200 msnm pero con tendencia a mejorar. Cuando aproximamos, la capa de nubes aún continuaba por lo que tuvimos que volar hasta Punta Mitre, donde pudimos situarnos debajo de la capa y navegar a baja altura por el canal de Beagle hasta la ciudad de Ushuaia y aterrizar en el viejo aeropuerto, que proyectaba la pista hacia la ladera de un cerro y se debía entrar en viraje.

Aterrizamos sin inconvenientes, fuimos hasta la ciudad y nos instalamos en un modestísimo hotel. Descubrimos entonces que Don Green era extremadamente medido con los gastos y la frugalidad nos acompañó durante toda nuestra estancia en Tierra del Fuego.

Una vez instalados fuimos a ver al Intendente del Parque Nacional Lapataia, a contarle de nuestro viaje de estudios y solicitarle autorización para estar una semana en el Parque. Nos recibió y apenas iniciada la conversación percibí que conocía a ese hombre. Él sentía los mismo de mí y cuando investigamos nuestro pasado surgió que habíamos sido compañeros de aula desde Primero Inferior y durante toda la escuela primaria.

Nos dimos un abrazo y José María Cabezón nos ofreció una cabaña del PN donde estuvimos todo ese tiempo. Sólo nos pidió que al retirarnos nos volviéramos a reunir para informarle de lo que habíamos observado. No lo pudimos hacer porque cuando nos íbamos el intendente estaba ausente.

Los castores fueron traídos por la Marina en la década del 40 junto a otros animales, ratas almizcleras, conejos, zorros y otros con intención de generar una industria peletera a partir de la caza emulando una situación del hemisferio norte.

En su lugar de origen su piel es muy apreciada tal como nosotros consideramos la del coipo (falsa nutria) en la Argentina. A partir de esta visita he buscado informarme acerca de este animal leyendo varios artículos, entre ellos varios que se manifiestan en contra de su introducción. No es esa mi opinión, lo que pude observar es que donde él habita la naturaleza revive, dado que genera espejos de agua, abriendo claros en el bosque, regula las crecientes de agua primaverales y almacenando para la época de estiaje. Tenemos muchos ejemplos en Chubut como el río Chico, que nace en el lago Colhue Huapi y varios afluentes del río Chubut, caudalosos en invierno y totalmente secos en verano. El río Chico discurre de sur a norte, como ya dije anteriormente, y tiene que superar la Pampa del Castillo y luego la Pampa Salamanca y al final la Meseta Monte Mayor que llega hasta Rawson.

Beto Bubas a sabiendas de mi interés en este asunto, me trajo un libro del castor (Beaver) de uno de sus viajes a EEUU y me contó que en ese país así como en Canadá y Alaska están repoblando con parejas de castores los lugares donde ha desaparecido y sus diques han quedado abandonados. Hubo una época de gran matanza a partir de su valor en peletería. Y aún su carne es muy apetecida. La falta de agua fue una de las grandes consecuencias.

Cuando estuvimos en Tierra del Fuego pasamos muchas horas observando su comportamiento. En un momento rompimos parte de uno de los diques y al día siguiente pudimos ver que lo habían reparado completamente. Volvimos a romperlo y nos quedamos todo el día vigilando.

Antes del anochecer notamos que un gran castor venía nadando con una ramita en la boca que depositó en la correntada de la abertura analizando la fuerza del agua. Al día siguiente estaba reparado otra vez.

En un momento intentamos con un mediomundo capturar al explorador, volvimos a romper el dique, esta vez desagotando totalmente el embalse dejando el nivel del agua por debajo del ingreso a la madriguera.

Apareció un gran macho, golpeando el agua con su cola, mostrando enojo, pero no temor. No nos resultó difícil meterlo en el mediomundo pero con varias rápidas dentelladas rompió la red y se fue sin apuro. Al día siguiente el dique estaba otra vez reparado.

Volvimos a Esquel haciendo las mismas escalas. El Cessna, de fuselaje angosto, era muy rápido y el viento se nos presentó casi todo el viaje a favor. Volví a intentar cobrar mi sueldo y esta vez estaba disponible. El viaje fue una enriquecedora experiencia.

Mi proyecto y el de Freddy Green era traer castores al continente buscando una forma de reducir la sequía de esos años. Pretendíamos hacer una experiencia en Trevelin mostrar su viabilidad, convencer a las autoridades de los beneficios de su introducción y replicar los resultados en toda la provincia del Chubut, Santa Cruz y Río Negro, a todo lo largo de la precordillera para embalsar el agua y que no se perdiera durante la estación seca. Nuestro lema era "donde hay agua hay vida, hay peces y hay aves".

Para tranquilidad de muchos, especialmente de mi nuera, nunca pude llevar a cabo ese proyecto.

Pero coincido con ella en la apreciación de daños producido por tres especies foráneas, que he visto y comprobado , a partir de mi residencia patagónica, que causan estragos.

Una de ellas es el visón, que fue introducido en varios puntos para su cría y el aprovechamiento de su piel. Uno de esos puntos fue justamente el lago Cholila, de donde fueron liberados varios animales supuestamente indigestados por una mala comida y dispuestos en un lugar por el encargado para que se recuperen y cuando los quiso volver a sus jaulas , éstos habían desaparecido.

Sé que en otros casos fueron liberados a partir del crecimiento de la industria de pieles sintéticas y por los movimientos de activistas en contra del uso de pieles naturales.

Fui testigo directo del crecimiento poblacional de estos animales, muy exitosos en su invasión territorial, desplazando con ventajas a otros animales de su nicho ecológico, siendo un excelente nadador, trepador de árboles, agresivo y muy temerario. Daba muestras constantes de su osadía al subirse a las lanchas para hacerse de los peces capturados por los pescadores mientras éstos disfrutaban un almuerzo en la orilla.

Fue muy evidente la merma de varias especies de aves acuáticas, que se encontraron de improviso con un predador que las atacaba desde debajo del agua, en sus nidos, o que comía sus huevos. Bajó el número de gallaretas, macáes y otros zambullidores, el pato vapor y el pato de los torrentes casi han desaparecido, y aún aves mayores como los cauquenes y el cisne de cuello negro y nunca mas escuché al pidén, que con su estridente grito me acompañaba en Cholila. También ingresa en gallineros y mata todo lo que encuentra, comiendo sólo una pequeña parte de cada presa y muchos ganaderos dan cuenta de su agresividad hacia corderos pequeños, que los mata mordiéndolos por todos lados.

La otra especie es la avispa carnicera o chaqueta amarilla, también responsable del ataque a la avifauna local y también a muchos insectos. Comentan los investigadores que deben usar carne para alimentar a sus larvas y hacia marzo o abril miles de ellas vuelan y atacan donde hay carne o sangre. Mudas de insectos, pollos naciendo, mamíferos pariendo. En esos meses es complicado comer un asado en el exterior, ya que buscan afanosamente cortar un pequeño trozo de carne y a veces suelen picar la lengua de quien está comiendo y no se ha percatado que en la porción que lleva a la boca tiene consigo una de estas avispas.

Amo las aves, y me entristece sobremanera ver como hay cada vez menos loicas, ratonas, diucas, cabecitas negras, chingolos, jilgueros y especialmente vulnerables son las cachañas, que por su postura tardía sus pichones son devorados mientras están eclosionando los huevos.

Desgraciadamente para los gobiernos estos temas no sólo no tienen prioridad, no tienen siquiera su atención y pasan desapercibidos. Queda en manos de la responsabilidad individual y los pobladores continuamente están ideando formas de combatir este flagelo, con cebos tóxicos, trampas, venenos, destruyendo nidos, pero si no hay un ataque decidido de todos los sectores, esta amenaza seguirá creciendo y terminaremos como en algunas zonas de Nueva Zelanda y el sur de Australia, en que se han cerrado áreas por la tremenda presencia de esta especie.

La tercer especie es la rosa mosqueta, una planta muy invasora y oportunista que aparece después de cada incendio y cuya semilla es transportada por el ganado. He visto cómo campos productivos han dejado de serlo a partir de ser invadidos por esta planta, fracasando todas las estrategias para su regresión. Es imposible sacarla una vez instalada, sus raíces tienen una enorme energía y a través de ellas se va reproduciendo e invadiendo el entorno. Han probado cortarla, quemarla, eliminarla con tóxicos y nada ha dado resultado.

Por otra parte ha favorecido a las poblaciones de ratones, brindándole refugio y abrigo, lo que preocupa desde el punto de vista sanitario, ya que algunos de estos roedores son vectores del virus Hanta, en particular de una forma llamada Andina que es muy agresiva, causando la muerte en la mayoría de los casos y con evidencias de contagio de persona a persona.

Por suerte algunos la están explotando, dado que sus frutos son usados como base para infusiones, dulces, fuente de vitamina C, y para cremas y aceites de gran poder curativo. Esto genera, en época de recolección, una fuente de trabajo para personas de bajos recursos.

SOBREVUELO INCENDIO

En un verano muy caluroso se dio un incendio en Río Pico, muy cerca de la frontera con Chile. El jefe de bosques de Chubut me pidió hacer un sobrevuelo para evaluar el estado de situación.

Cargamos combustible al Cessna y nos fuimos a ver el lugar. Volamos y tomamos nota de que el fuego no revestía tanta peligrosidad y emprendimos el regreso.

De repente el motor se detuvo. Mientras buscaba un lugar para un aterrizaje de emergencia intenté poner en marcha y arrancó, pero apenas lo aceleré se detuvo nuevamente. Otra vez puse en marcha mientras nos dirigíamos en planeo suave a hacia un descampado y otra vez arranca y otra vez al acelerar se para.

Continúo el planeo y busco la ayuda de Dios sin dejar de concentrarme. Vuelvo a poner en marcha y lo voy acelerando poco a poco, hasta que noté que cuando superaba las 1900 rpm tendía a pararse. Con esas pocas vueltas me acerqué al camino.

La falta de potencia me impedía subir pero, aunque a duras penas, mantenía la altura. Por suerte mi pasajero no entró en pánico. Simplemente se calló y se sometió a lo que pudiera pasar. Volando finito nos fuimos acercando al aeropuerto de Esquel hasta que aterrizamos sin problemas.

Rodamos hasta el hangar y procedí a revisarlo. Habíamos llevado el avión a la inspección obligatoria de 100 hs. Pidiéndole un cambio de bujías y de filtros. El avión nos fue devuelto impecable en su aspecto, lavado con detalle pero con las mismas bujías y los mismos filtros.

Me fijé en la factura y noté que nos habían cobrado bujías y filtros además del servicio. Un mal de algunos talleres aeronáuticos. Las normas de ese momento indicaban que el taller debía estar habilitado y con un responsable mecánico. Eso nos inhibía de hacer el trabajo nosotros mismos y debíamos caer en manos, a veces, de gente sumamente inescrupulosa que hacía valer su firma.

Eso nos motivó mas adelante a armar y habilitar nuestro propio taller para reparaciones menores en el aeroclub donde fui designado responsable mecánico.

Relato de Arnoldo Díaz. Director de Bosques

"Fue en el verano del año 92. Reciéntemente había asumido como director de Boques de la Provincia y era plena temporada de incendios forestales. En esa época había alrededor de 10 personas en el sector de incendios de Trevelin y tal vez unos 3 o 4 en cada una de las ocho delegaciones en localidades cordilleranas. La escasez de recursos humanos y materiales obligaba a s opesar muy bien donde se ponía el esfuerzo en el ataque inicial de incendios forestales.

Nos avisan que habían varios focos de incendios en la zona de los Lagos de Río Pico, pregunté como hacámos para verificar la situación y me dicen que solamente sobrevolando la zona con Roy Wergzyn, a quien ya conocía por sus habilidades en el manejo del vivero de la universidad, pero no en su rol de avezado piloto.

Despegamos en un Cessna monomotor alrededor de las 10 de la mañana. El día estaba despejado y sin viento, según palabras de Roy, ideal para el reconocimiento aéreo que debíamos hacer. El despegue y el vuelo hacia el lugar donde se habían avistado los focos fueron totalmente apacibles, Roy piloteaba con la naturalidad del que conoce su oficio y en poco más de media hora estábamos sobre los focos.

Eran 3 o 4 y todos en sectores inaccesibles, por lo que Roy me consulta si quería acercarme más a ver por donde se podía acceder por tierra y tal vez elegir el de mayor gravedad, asentí, porque aunque mi desconocimiento de la región poco podía ayudar, el ojo experimentado del piloto podía ser de gran ayuda.

Cuando giramos para sobrevolar uno de los focos , tal vez en el lago 3 , el motor comienza a fallar, ratea un par de veces, se detiene, vuelve a arrancar, le pregunto a Roy si sabía que pasaba y me contesta "alguna falla en el carburador o alguna otra cosa que desconozco", a lo que le pregunto horrorizado: - este avión tiene paracaídas ¿ Me mira casi riéndose y me dice: "no amigo, pero no te preocupes ya vamos a salir de esto" ... yo miraba la zona rocosa e inaccesible que conforma el sector de los lagos 1 al 5 en Río Pico y pensaba ... Voy a morir en mi primer vuelo en Cessna...

Percibiendo mi pánico, una vez que el motor se apaga completamente, Roy me dice, "tranquilo, este avión esta diseñado para planear, y como es un día caluroso, tenemos aire ascendente que nos va a permitir acercarnos al pueblo, hay una pista de cuadreras en un sector despejado y plano donde vamos a poder aterrizar", y, como si no hubiera dudas de que el desenlace iba a ser feliz, acota: ... "la pena es que capaz que se nos rompe una rueda o algún fierrito, porque es una pista de caballos, no de aterrizaje, pero bueh.. supongo que la dirección de Bosques dispondrá de presupuesto para reparaciones", mientras me guiñaba un ojo.

A todo esto, mi silencio era atronador, era protagonista en la situación y testigo en la acción. Mientras el Cessna giraba suavemente hacia la derecha en las expertas manos de Roy recuerdo que a pesar de lo grave de la situación, mi temor se compensaba con la confianza en que el experto piloto de algún modo lo resolvería.

El día seguía calmo y una vez que enfilamos hacia el este , y Roy pudo ubicar e indicarme la pista de cuadreras , la poca calma que había recuperado desapareció, la pista era como un guión en medio de una planicie con demasiadas ondulaciones ¡¡ no entendía cómo se podía llevar un avioncito como ese, sin motor, a aterrizar en un blanco tan pequeño.

Una vez que estábamos en dirección a la pista de cuadreras, Roy dice... "a ver vamos a intentar de nuevo , capaz que se acomodó " y vuelve a encender el motor que ... rattata ... ratata... ratata... ENCIENDE ¡ ... acto seguido damos una vuelta en redondo para probar y como el motor responde, y con ánimo de participarme me pregunta: "¿ Qué te parece si enfilamos para Esquel volando a baja altura sobre la ruta?, porque la verdad es que si necesitamos, prefiero aterrizar sobre la ruta asfaltada ... rompemos menos los fierros ¡", asentí, otra cosa no podía hacer, y comenzamos el retorno.

Volamos sobre los 60 km de la ruta de ripio que une Río Pico con la 40, minutos que fueron una eternidad para mí, ya que si bien había tramos rectos, la mayoría de la traza era con curvas ... y además yo conocía el estado de esa ruta ¡ los baches eran para partir semiejes ¡.. me aterraba solo pensar lo que le podía pasar al frágil tren de aterrizaje del Cesnna.

Pero al poco tiempo avistamos el asfalto que une Gobernador Costa con Tecka y Esquel y una vez que pusimos nuestro rumbo sobre la ruta lo último que recuerdo es a Roy diciendo "ahora si, a disfrutar de este maravilloso día !".

Del resto del vuelo de regreso la única imagen que tengo es despertando al aterrizar en el Aeropuerto de Esquel, literalmente me había desmayado al relajarme luego de tremendo susto !!. Que experiencia ¡ y que temple el de Roy Wergzyn, que mantuvo el control y la calma en todo momento!. Un abrazo a la Distancia querido Roy!.

Esto volvió a pasar. En una situación mucho más grave, pero esta vez con el archer, el LV-ARO.

Nos llamaron del hospital. Una nena de 9 años se había caído de un techo y estaba desvanecida. Los médicos decidieron que había que trasladarla a un centro de mayor complejidad por lo que le pidieron al aeroclub llevarla a Trelew.

El Cessna, que tenía una camilla, estaba fuera de servicio, pero contábamos con el Piper Archer, que recién había llegado de un servicio de 100 horas. La primer dificultad, al no contar con camilla, fue improvisar un lugar cómodo reclinando el asiento. La segunda fue poner en marcha el avión. Por alguna razón el avión no quería arrancar. Lo descapotamos para revisar las bujías y nos llevamos la desagradable sorpresa de que éstas no habían sido cambiadas por las nuevas que habíamos comprado y que además estaban muy sucias.

Con la presión de la emergencia, las limpiamos, calentamos y capotamos. El avión arrancó y salimos con rumbo a Trelew. A mi lado iba uno de los médicos del hospital y en los asientos de atrás la nena accidentada y su mamá.

Las condiciones meteorológicas eran buenas y teníamos un fuerte viento de cola, pero luego de poco más de una hora de vuelo, la nena dejó de respirar. El médico hizo maniobras de resucitación y logró recuperarla. Pero me hizo saber que estaba muy grave. Al poco tiempo se repite esta situación y pese a los intentos, no pudo revivirla.

Fue un momento terriblemente dramático. Hacerle saber a la madre que su pequeña hija había fallecido, que no había nada que hacer y que debíamos volver a Esquel.

Invertimos el rumbo, sumamente acongojados e intentando contener a esa pobre madre que acababa de perder a su pequeña hija, ahora con viento en contra con lo que ese vuelo se hizo larguísimo. Cuando tuve alcance de radio, llamé a Esquel y dimos parte de lo que había sucedido. Al aterrizar y llegar a la plataforma, la ambulancia y familiares ya nos estaban esperando.

Luego el médico nos explicó que nada hubiera cambiado si hubiéramos hecho todo mas rápido, el cuadro era grave y su fallecimiento era inexorable. Pero con uno de los muchachos del aeroclub, cargamos nafta e inmediatamente salimos para increpar al mecánico. No recuerdo mucho lo que sucedió después. Mi mente se niega a revivirlo. Pero nos cuentan que llegamos en un momento que había bastante gente en el lugar y entre balbuceos y empujones este delincuente logró evitar una paliza.

El aeroclub pasó por algunos buenos períodos. En un momento tuvimos tres aviones nuevos: El Piper Cherokee 140 matrícula LV LLT que usábamos como avión escuela y que fue adquirido con una donación del gobierno nacional a los aeroclubes que formaban pilotos, el Piper Archer II, matrícula LV ARO subsidiado en un alto porcentaje por el Ministerio de Bienestar Social de la Nación y un Cessna 182 que habíamos comprado con mucho esfuerzo del aeroclub y de todo el pueblo de Esquel, al cual se le habían incorporado algunos elementos para hacerlo funcionar como avión sanitario.

Con estos aviones volamos mucho. Éramos varios pilotos y nos turnábamos para cumplir con la demanda de la región. El aeroclub tenía una buena inserción en el medio social de Esquel, se lo valoraba, se lo quería y nosotros respondíamos.

En la gran nevada del año 1984, en la que una gran cantidad de pobladores de toda la provincia quedaron aislados, hicimos muchísimos vuelos llevando provisiones y medicamentos, que se los tirábamos en una pasada envueltos en paquetes amortiguados para que no se rompieran. La mayoría de las rutas eran de ripio y resultábamos una buena opción de comunicación. Llevábamos los diarios a los pueblos de la región, muchos de los cuales habían construido pistas expresamente para que pudiéramos visitarlos. No había vuelos de línea todos los días y entonces buscábamos los diarios capitalinos desde Bariloche y los traíamos hasta Esquel.

Trasladábamos pasajeros, trasladábamos enfermos, hacíamos patrullajes de caminos, patrullajes de bosques para detección temprana de focos potenciales de incendio y hasta trasladábamos truchas para ser sembradas en distintos espejos y cursos de agua de la provincia.

Recuerdo haber llevado a Norberto Ciámpoli a Buenos Aires luego de un accidente muy grave y que luego se recuperara satisfactoriamente. Siempre estuvo agradecido al aeroclub.

Un día me llamó el hijo del Dr. Catena, un médico muy reconocido de la ciudad y que había tenido una actividad destacada en el aeroclub. Su padre estaba muy grave y debíamos salir urgente para Buenos Aires. Busqué a Gustavo Cilio, uno de los nóveles pilotos para que me acompañe y nos fuimos directamente al aeropuerto. Tratábamos de que ese avión estuviera siempre listo para salir, siempre completo de combustible. Pusimos al enfermo en la camilla y a las cuatro de la mañana despegamos con destino primario a Bahía Blanca, para reabastecernos y seguir luego a Buenos Aires.

Cuatro horas después estábamos aterrizando en Bahía Blanca. El Dr. Catena era un fumador empedernido, y estaba muy molesto por no poder fumar en la camilla. También era una persona muy autoritaria, acostumbrada a mandar, había sido intendente en Esquel y todos lo recuerdan como una persona muy recta y severa. Mandó a su hijo a la camilla y él ocupó el asiento. Ni su hijo, médico como él, ni los pilotos objetamos su decisión, por lo que el último tramo lo hizo fumando en el asiento trasero.

Cuando íbamos llegando a Aeroparque nos comunicaron que estaba bajo mínimo para nuestras condiciones y nos derivaron a Ezeiza, donde también llovía pero la precipitación era más débil, cuando nos estábamos acercando, un Boeing Jumbo 747 también estaba aproximando por detrás nuestro, por lo que nos indicaron desde la torre que nos corriéramos de la trayectoria del avión y entremos en segundo turno. Aterrizamos detrás de éste y enseguida otro Jumbo en tercer turno.

Una ambulancia nos esperaba. Padre e hijo se fueron en ella. Fuimos a la oficina de Plan de Vuelo y nos dieron 15 minutos de permanencia. Sólo habíamos aterrizado porque era un vuelo sanitario. Aeronaves de nuestro tipo tenían prohibido operar en ese aeropuerto. Nos indicaron un aeródromo cercano y allí fuimos hasta el día siguiente en que emprendimos el vuelo a Esquel.

VOLANDO ENTRE NUBES

Gigio "el Tano"Simeoni, fue uno de los alumnos con los que tuve mucha afinidad y amistad y con los que he compartido unos cuantos vuelos, aún después de haber rendido y obtener la licencia de piloto.

Gigio es un italiano entusiasta y trabajador. Un día se apareció con todas sus máquinas en Cholila, y a cambio de un asado a la mañana, otro al mediodía y otro a la noche, en una semana de trabajo nos dejó un campo apto para el aterrizaje de pequeñas aeronaves. Una pista que fuimos mejorando con el tiempo, y es la que actualmente utilizamos.

Hizo el curso siendo cuando ya había dejado bastante lejos su juventud, mientras trabajaba en El Bolsón haciendo el pavimento de toda la ciudad. A diferencia de los chicos jóvenes, al principio se asustaba cuando practicábamos pérdidas de sustentación, pero una vez vencido el temor demostró tener una gran habilidad en el uso de los comandos, y en muchas oportunidades hizo gala de una increíble destreza aterrizando en campos cortos o resolviendo situaciones de emergencia muy complejas.

Lo que siempre le costó fue interpretar y usar una buena parte de los instrumentos que tenía a disposición, especialmente los de navegación. Su vuelo siempre fue muy intuitivo.

Me consideraba su instructor permanente y siempre quería salir conmigo y aprender, ya que entre sus planes inmediatos estaba la compra de un avión.

Me llamó un día, mientras estaba en mi casa de Esquel. Había sido invitado por el Club Andino de El Bolsón a participar de una reunión con el gobernador de Río Negro. Era una buena oportunidad para hacer una larga navegación.

Por otra parte, Gigio debía cobrar una buena suma de dinero y estaba dispuesto a pagar el vuelo al aeroclub aunque fueran muchas horas. Preparé el Cessna 182, el LV OIG, hacía poco que lo había traído, junto a otro de mis alumnos, Héctor Etchegno, con 0 hs desde Bs As. Lo estábamos pagando y el dinero nos vendría muy bien.

Se sumó al vuelo, Miguel Altamira, del Club Andino, instructor de esquí y uno de los promotores de la reunión con el gobernador. También un entusiasta del vuelo, tanto que, años más tarde, también sería piloto de avión.

El Cessna tenía tanques "long range", de largo alcance, que nos podían dar 7 horas de autonomía, por lo que fuimos directo a nuestro destino sin mayor problema. Al día siguiente, luego de la reunión, y luego de cobrar, cargamos combustible y fuimos a presentar el plan de vuelo a El Bolsón, pero cuando me dieron el parte meteorológico decidí no salir.

Gigio se puso muy nervioso. Tenía un gran compromiso con su personal. Era el día del camino y les había prometido una gran fiesta en la cual él no podía faltar. Discutimos un poco e impuse mis credenciales de instructor.

No me gustaba atravesar en condiciones marginales la meseta de Somuncurá. Tenía conocimiento de que algunas aeronaves se habían accidentado, ya que si bien la zona es de estepa, bien localizada en el Este de la Patagonia y muy lejos de la cordillera de los Andes, haciendo presumir que el terreno es bastante bajo, esto no es así. Sobre la meseta se erige el cerro Corona que alcanza casi los 2000 m s.n.m. y también hay otros que tienen alturas considerables. Necesitábamos buena visibilidad.

Gigio se acongojó mucho y me pidió que evaluemos volar aunque sea hasta a Ing. Jacobacci. También ahí tenía obras y podría disponer de un vehículo con el cual llegar a El Bolsón.

Ing. Jacobacci no tenía servicio de información meteorológica, sólo había una muy buena pista cerca del pueblo, pero aun así me convenció. Si veía que las condiciones no eran buenas, volveríamos a Viedma o podríamos aterrizar en San Antonio.

Despegamos y comenzamos a volar sobre una capa tenue de nubes que se fue haciendo cada vez mas densa. Por encima había otra y llegó un momento en que se soldaron y perdimos visibilidad. Comencé a ascender por sobre nuestro nivel, aunque ya estábamos a 3.000 m s. n. m. intentaba superar la capa, pero las condiciones empeoraron. Se nos engelaba el parabrisas, vimos que se empezó a formar algo de hielo en las alas y de pronto también en la hélice, que hacía un fuerte chasquido cuando de ésta se desprendía.

Comencé a preocuparme. La situación era seria, el hielo acumulado en las alas puede romper y generar una turbulencia en el normal flujo de aire que el borde de ataque guía por encima y por debajo de los planos y nos podría dejar sin sustentación. Es causa frecuente de muchos accidentes aéreos cuando se conjugan humedad y bajas temperaturas.

Pero el Cessna respondía, el avión era nuevo, aunque también se notaba el hielo en el carburador, lo que me obligaba a usar permanentemente el aire caliente. Le pedí a mis acompañantes que vayan atentos, y que apenas vean un jirón de cielo me lo hagan saber. Yo iba absolutamente concentrado en los instrumentos, horizonte artificial, velocidad, funcionamiento del motor.

Pero la turbulencia, el esfuerzo que hacía el motor del avión para no detenerse,y el hielo nos indicaban una situación crítica. Fue en tonces que Gigio tomó una decisión. Nos hizo saber que había sido un adelantado alumno sacerdotal de la iglesia católica y que había adquirido un nivel suficiente que lo habilitaba para darnos la extremaunción. Tenía la casi certeza de que íbamos a morir por lo que sin más siguió el protocolo y nos administró el sacramento que se daba solo *In Extremis*, ante la inminencia de la muerte. Luego de eso se sintió mas tranquilo ya que por lo menos había preparado nuestras almas para el encuentro con Dios.

En eso estaba cuando empezó a gritar:- ¡Azul! ¡Azul! ¡Azul!..., la emoción le impedía coordinar una frase pero lo que dijo fue muy explícito. Vio un pedacito de cielo y lo señalaba. Le apuntamos a él y apenas salimos, el aire se calmó de una manera notable. El avión volvió a su régimen normal de crucero pero estábamos a 5000 mts de altura, con muy poco oxígeno, el termómetro exterior indicaba -15º C y no era posible mantenerse ahí mucho tiempo.

Sentía una gran responsabilidad y culpa por haber cedido a la desesperación de Gigio por volar. "Es mejor estar en tierra deseando estar volando que estar volando deseando estar en tierra". Se los había repetido muchas veces a mis alumnos intentando priorizar la seguridad del vuelo. Rápidamente diseñé un plan que compartí con mis acompañantes, buscando su aprobación, pero ambos se pusieron en mis manos.

Habíamos volado 30 minutos hacia el oeste desde la posición lateral a San Antonio, cuya pista está prácticamente al borde del mar, y decidí volar 40 minutos con rumbo opuesto y perforar sobre el mar, dentro del golfo San Matías, lejos de cualquier obstáculo. Eran épocas donde la tecnología del GPS era sólo un sueño. San Antonio tampoco disponía de radioayudas a la Navegación como para hacer una aproximación con visibilidad reducida. Gigio se hizo cargo de las comunicaciones, que luego de varios intentos, y merced a nuestra altura, logró hacer, vía VHF con el operador de torre y jefe de aeródromo de San Antonio quien nos dijo que el plafón había bajado mucho. Acordamos mantenernos en contacto permanente.

Comprendía perfectamente nuestra situación, y aún habiendo terminado su turno nos dijo que iba a hacer el apoyo de radio hasta que aterrizáramos. Nos informó que las nubes estaban muy bajas. Él estimaba unos 20 metros sobre el suelo tomando como referencia la punta de la torre de la iglesia.

Cuando volvimos a sumergirnos en las nubes, otra vez tuvimos que someternos a esa desagradable turbulencia, el hielo y la incertidumbre. Pero descendimos, fue un muy largo descenso.

Fuimos perforando esa gruesa capa muy atentos al horizonte artificial. Estar entre nubes, a ciegas, provoca una intensa desorientación espacial al no existir elementos de referencia que permitan determinar la posición del avión. Continuamos bajando intentando alcanzar una altura suficiente sobre el golfo pero con condiciones visuales. Una vez que contáramos con visibilidad pondríamos rumbo nuevamente al oeste buscando la pista, y en caso extremo aterrizaríamos en la playa o en la ruta que bordea la costa.

Ya estábamos al Este de San Antonio, sobre el mar, pero el altímetro, aún con cierto error, nos indicaba 100 metros sobre su nivel y aún estábamos entre nubes. Finalmente vimos las olas, a 100 pies, o sea unos 30 metros. Pusimos rumbo Oeste aunque hacia adelante no veíamos nada, pero luego de unos 15 minutos se dibujó la costa. Supongo que la alegría fue similar a la de un marinero perdido.

Superamos la barranca con cierto temor por la presencia de torres hasta interceptar la ruta 3. Inmediatamente nos pusimos sobre ella con rumbo Norte. Nos llevaría a San Antonio o la usaríamos para aterrizar. La torre tan temida se vio a nuestra derecha. Sólo se destacaba la base, el resto se perdía en las nubes, pero estábamos sobre la ruta y sobre ella no se construyen torres, aunque pasamos tan cerca que me obligué a un viraje a la izquierda por temor a tocar alguno de los cables que la sostenían.

No había viento, y a pesar de que íbamos muy bajo, dejando el piso de las nubes apenas por encima nuestro, era un vuelo placentero. Yo me sentía muy seguro al tener visibilidad, buscamos la pista y aterrizamos sin problemas.

Una vez que estacionamos el avión nos dirigimos a la torre para agradecer al jefe de aeródromo su apoyo desde tierra y yo me retiré un tanto para agradecer a Dios que haya venido por delante nuestro guiando nuestro vuelo.

TRASLADANDO PECES VIVOS

Hice muchos vuelos con Dany, mi hijo mayor. Compartíamos la pasión aeronáutica y le daba seguridad recorrer la Patagonia conmigo. Yo ya la había navegado mucho y le iba transmitiendo mis estrategias de navegación, a partir de referencias terrestres ya que en esa época, sólo volábamos en modo visual, y nos apoyábamos en cartografía.

Dany y su esposa eran responsables de la piscicultura de arroyo Baguillt, una estación de recría de salmónidos del estado chubutense cerca de la localidad de Los Cipreses, destinada al repoblamiento de ríos y arroyos. Dany aprovechaba su condición de piloto y la disponibilidad de los aviones del aeroclub para trasladar peces por toda la provincia en acuerdo con las municipalidades que apoyaban su tarea.

En una oportunidad, por convenios inter jurisdiccionales, debía trasladar un lote de truchas a una piscicultura de reciente construcción en la isla Pavón, sobre el río Santa Cruz, del gobierno provincial y que necesitaba conformar un lote de reproductores.

Ya disponíamos el Cessna nuevo, el LV OIG y mientras yo lo preparaba en el aeropuerto Dany se ocupaba de acondicionar las truchas. El viaje era largo, y los peces, en número de varios cientos y pesando cada uno de ellos aproximadamente 1 gramo, debían llegar vivos y en buen estado por lo que se trasladaban en poca agua, enfriada con un poco de hielo contenidos en bolsas de plástico gruesas y a su vez, estas dispuestas en varias cajas de telgopor, y con una atmósfera de oxígeno puro. Por las dudas, llevamos un pequeño tubo con este vital gas para reforzar en el camino.

Despegamos y nos dirigimos directamente hacia la localidad de Luis Piedrabuena, nuestro destino final con el cargamento de peces vivos. Allí nos debía esperar un colega de mi hijo, Rubén Hudson, que estaba conduciendo ese proyecto desde el gobierno provincial. Las distancias eran muy largas y llevamos, además, en bidones, combustible para reaprovisionarnos y volver a Comodoro Rivadavia.

El vuelo fue tranquilo y directo. Antes de llegar vaciamos el pequeño tubo de oxígeno en las bolsas para que las pequeñas truchitas llegaran de la mejor manera posible. Previo al aterrizaje dimos varias vueltas sobre el pueblo, según lo convenido, para avisar de nuestra llegada. La pista estaba en medio de la nada y no existía el teléfono celular.

Aterrizamos. Sólo nos recibió el viento. No había un alma en las cercanías. El agua de los peces comenzó a calentarse, el oxígeno a acabarse y nuestros anfitriones no aparecían. Dany me había comentado que éste era un evento importante para la provincia y el municipio de Piedrabuena, que supuestamente debían estar presentes autoridades locales, radio y televisión para documentar el acontecimiento de la llegada de los peces y la puesta en marcha de la piscicultura.

Descubrimos en las cercanías un molino con un tanque australiano y decidimos, antes de que las truchitas murieran después de haber soportado un largo viaje largarlas ahí. Sería un gran trabajo juntarlas para su traslado al destino que le correspondían, pero no encontramos otra salida.

Una vez que las truchitas estuvieron a salvo despegamos y nos fuimos hasta Puerto de Santa Cruz, una localidad cercana junto a la ría y del otro lado del río. Allí me esperaba Rodolfo Areta, un primo con el cual habíamos compartido mucho tiempo juntos en Esquel y hacía mucho que no veíamos. Le contamos lo sucedido y nos llevó hasta Piedrabuena en un vehículo para encontramos con quienes eran receptores de las truchas. Nos aclararon lo sucedido.

Ellos escucharon un avión. Intendente, autoridades provinciales y medios fueron hasta la pista y se encontraron con unos pilotos que estaban haciendo una navegación y que nada tenía que ver con nosotros. Volvieron al pueblo frustrados. Al rato hubo otro ruido de avión, repitieron la operatoria de traslado y se encontraron con la misma gente que había salido a dar una vuelta. Cuando llegamos nosotros, ni miraron el cielo. Pensaron "Otra vez este b…"

A nuestro regreso Dany debía encontrarse con un grupo que estaba desarrollando un proyecto de piscicultura aguas abajo del dique Ameghino, por lo que fuimos hasta Comodoro Rivadavia, nos reaprovisionamos de combustible y decidimos aterrizar en la pista del Dique Ameghino. Esta estaba muy abandonada, y cuando aproximamos nos dimos cuenta que los pequeños pastos vistos desde el plano vertical, eran arbustos de más de un metro. Aterrizamos zizagueando entre ellos. Apenas tocamos tierra. Dany se fue a su reunión y yo me quedé limpiando la pista para poder despegar más tarde con rumbo a Esquel.

Fue otro hermoso vuelo.

ATERRIZAJE SOBRE EL HIELO

Era un invierno particularmente frío. La temperatura en el aeropuerto había registrado una mínima de casi -30ºC. Se nos habían congelado caños, a los vehículos les costaba arrancar y tuvimos mil inconvenientes. Pero se me ocurrió algo que sólo podría hacer en una circunstancia como esa.

Fui con mis hijos pequeños hasta la laguna Esquel cercana al aeropuerto y comprobé que estaba muy congelada en su totalidad. El hielo parecía muy firme. Lo recorrí aún en las partes más cercanas a los juncos y parecía una pista de asfalto. Comprobé que el hielo tenía varios centímetros de espesor. Metí un poco el citroen en el que habíamos ido y el hielo ni siquiera crujía. Me imaginé aterrizando en el medio de la laguna y luego despegando con el Piper PA 12.

Esa noche vi el cielo estrellado con una nueva helada y tomé la decisión. Sabía que al día siguiente se iba a presentar muy bueno y sin viento. Todo se daba para intentarlo.

A la mañana fui a preparar el avión sin decirle a nadie lo que pensaba hacer. Me ayudé con agua caliente para arrancar el motor y lo puse en marcha dentro del hangar. Me demoré varios minutos y una vez que se elevó la temperatura del aceite a los niveles que me permitía dar plena potencia me fui a la pista y despegué.

Me fui derecho a la laguna, la sobrevolé un buen rato, le di un amplio rodeo y planifiqué mi aterrizaje. Desde el borde Este tenía unos cuantos metros de pista absolutamente pareja. Luego de eso había un juncal bastante grande.

Hice una final larga y a la mínima velocidad posible salvé la orilla y toqué suavemente y donde había previsto. Apliqué frenos. Fue como si no existieran.

En mi mente se dibujaron escenas en la que tirábamos piedras sobre el hielo y alcanzaban distancias enormes patinando sobre él hasta detenerse muy lejos. En ese momento me sentía una de esas piedras, nada me frenaba hasta que llegué a los juncos y me adentré en ellos unos cuantos metros.

El hielo entre los juncos también estaba sólido, y las plantas secas sobresalían por encima del hielo.

Una vez que me detuve, me bajé e intenté dar vuelta el avión para llevarlo a una parte limpia, pero estaba inmerso en un mar de juncos sobre un piso congelado.

Si es difícil atravesar con un bote una barrera conformada por estas plantas, cuánto más un avión sobre un suelo congelado. Me llevó horas.

En la torre no había nadie y no notarían mi ausencia, por lo que esa no era mi preocupación. Mi foco estaba en sacar el avión antes de que se hiciera de noche.

Poco a poco, logré ponerlo proa hacia la parte sin juncos de la laguna, y deslizando alternativamente una y otra rueda lo fui corriendo metro a metro hasta liberarlo de la masa de plantas que pretendía retenerlo.

Lo puse sobre la parte libre y lo puse en marcha. El motor ya estaba bastante frío. Mientras lo calentaba se iba deslizando lentamente por el hielo. Una vez en condiciones, aceleré y se desplazó sobre el hielo con enorme suavidad. En muy poco alcancé la velocidad requerida para despegar. Lo hice y me dirigí directo al aeropuerto, que estaba a menos de 10 minutos. Llegué al hangar y tuve que dedicar un tiempo a sacarle las manchas verdes al tren de aterrizaje y a la hélice. Nadie supo de esto hasta hace unos pocos años.

BETO BUBAS.

Beto fue mi joven compañero de aventuras. Siempre lo tengo presente. Lo quiero como a mis hijos. Y si tengo que escribir sobre él debería hacer otro libro.

Beto fue uno de los hijos de un compañero de trabajo del aeropuerto, Sergio Bubas, una persona muy inteligente y profesional en temas de radio. Mis hijos, un poco más grandes que los suyos, convivieron mucho tiempo en el aeropuerto, dado que éramos vecinos inmediatos.

Con el tiempo, Beto fue mostrando una sed de aventura casi extrema, y tenía ocurrencias extravagantes como la de hacer una balsa y bajar desde el lago Cholila hasta el Futalaufquen inspirado en la expedición Atlantis de Alfredo Barragán. Beto le prohibió a todo el mundo que lo ayude, era una prueba de esfuerzo y voluntad que debía superar solo. Yo lo pude seguir desde el avión y me divertía mucho con sus ocurrencias.

Con el tiempo fue atraído por el mar. Era un apasionado de la biología y de la naturaleza en general. Se embarcó en un pesquero y luego decidió ser guardafauna para ponerse en defensa de lo que él creía. Se instaló en la península de Valdez y su intensa curiosidad y temeridad lo llevaron a relacionarse con un grupo de orcas salvajes, con las que nadaba y jugaba además de hacer observaciones sobre su comportamiento.

Por supuesto que la mediocridad que lo rodeaba, de parte de sus jefes funcionarios, a los que él había medido y fustigaba por su mal desempeño, lo alcanzaron, y tuvo que sobreponerse a muchas situaciones adversas que, en lugar de agobiarlo, limaron su espíritu y lo hicieron más fuerte.

Contra lo que sus detractores esperaban, Beto se hizo famoso a partir de sus luchas desde su lugar de gladiador de la naturaleza y cosechó el apoyo de muchas personas e instituciones de Argentina y del extranjero que se solidarizaron con él y con las causas que defendía.

La Sra. Ernestina Herrera de Noble salió en defensa de sus batallas y dispuso el diario Clarín para apoyarlo, una universidad de Estados Unidos lo invitó a contar sus experiencias con las orcas, una corporación japonesa lo premió y le dio recursos, Richard Bach lo invitó a su isla y a volar, y muchas, muchas situaciones lo fueron catapultando y dándole un lugar de referencia.

Escribió varios libros donde transmitía sus pensamientos y sentimientos, y esos sentimientos llegaron a mucha gente, tanto que un día, un grupo español decidió hacer una película para mostrar quien era Beto Bubas. "El Faro de las Orcas", estrenada hace unos años en cines de todo el mundo no alcanza a hacerle justicia.

Su trabajo con las orcas lo llevó a comprarse un avión, un pequeño Luscombe que estaba en Bariloche y quería que le enseñe a volarlo. Estuve varios días con él, volamos, practicamos despegues y aterrizajes, maniobras y finalmente lo dejé habilitado.

En agradecimiento me regaló su Kayak de travesía, que tengo colgado en mi cabaña. No se lo quise aceptar en principio porque sabía que era su herramienta para recorrer la orilla del mar, pero me dijo "Ahora la voy a recorrer mas rápido y mejor, volando con el Chimango y voy a mirar las orcas desde el aire"

Un día trajimos el avión a Esquel, para hacerle un servicio y para que su padre le colocara una nueva radio. Pero como siempre, en estos pequeños aviones, un poco de viento de frente obligan a una escala en el camino para reponer combustible. Decidimos hacerlo en Paso del Sapo y aterrizamos en el camino de acceso. Era un acontecimiento para el pueblo y muchos vinieron hasta el avión, incluido quien nos debía vender combustible. Fui hasta la estación de servicio pero ésta estaba cerrada.

Una crónica de Beto completa el relato de nuestra visita:

"Remontar vuelo no fue fácil. El aire caliente de verano en la meseta no es el más apropiado para la sustentación de un avión. La carrera de despegue se hizo más larga de lo previsto, y tuve que rotarlo antes de la velocidad indicada por manual. Perezosamente el chimanguito quiso empezar a flotar, pero parecía que no iba a poder elevarse para salvar el obstáculo, la tranquera y el guardaganado que se nos venían. A duras penas finalmente nos elevamos, casi rozando el alambrado con las ruedas y podando las jarillas del costado del camino con la punta de las alas.

El tío Roy se giró para mirarme. Con su particular timbre de voz y el ceño fruncido me gritó: ¡La sacamos barata eh!

Con una mezcla de culpa y picardía le devolví la mirada, y guiñándole un ojo le grité yo también: ¡una más y seguimos tío!

Me zambullí en un viraje escarpado a baja altura, enfilando hacia el montón de chicos que nos saludaban y vivaban nuestro despegue agitando trapos y pañuelos.

En la mitad de la maniobra le entregué los mandos al tío. Me miró primero desconfiado, y cuando me vio agarrar la bolsa que había traído del kiosko de la estación de servicio, entendió enseguida. Aferró fuerte el bastón con su derecha y con la izquierda apretó la cebolla dando más potencia. El viejo motor Continental con sus andados 85 caballos rugió, la que se venía era una misión importante. Roy me miró de reojo traviesamente, picando todavía más al viejo chimanguito. Y en un rasante memorable sobre las cabezas de los chicos, a través de la ventanilla, ese mediodía en Paso del Sapo llovieron caramelos.

Remontamos virando rumbo a Esquel. En ascenso, saludamos a los chicos con un vaivén de alas. Nos miramos, serios primero, y enseguida estallamos en una risa emocionada".

MIS HIJOS

Luego del fallecimiento de nuestro primer bebé, Daniel Esteban, al poco de nacer en Villa Mercedes, y con el apoyo médico de nuestro amigo Elías Jalil decidimos tener otro hijo. Así llego Daniel Roy , también mercedino, pero inmediatamente patagónico, ya que antes de cumplir un mes de vida nos mudamos y lo trajimos en un Avro Lincoln en una canasta bien abrigado.

Ya en Esquel nació René Esteban, luego Vilma Sonia y más tarde Graciela Raquel. Entre el mayor y la menor distanciados 10 años.

Dany, como primer hijo nos fue acompañando mientras hacíamos nuestra experiencia como padres. Y luego, como hermano mayor se tomaba muy en serio su papel. Pero René y Vilma lo desbordaban. Eran excesivamente traviesos, inquietos, extrovertidos y debido a su carácter disciplinado, lo hacían pasar por situaciones que lo ponían sumamente incómodo, especialmente en la escuela, cuando alguna maestra, en algún recreo retaba a un alumno con su apellido, haciendo mención naturalmente a su hermano menor.

Empedernido lector, desde muy chico a instancias de mi esposa, Estudioso, en la escuela primaria fue escolta y abanderado. Lo considerábamos el intelectual de la familia. Pero también se dió al deporte, especialmente el remo y el atletismo y luego fue un apasionado aeronauta.

Un día lo encontré en El Bolsón remolcando planeadores con un Stearman. Y desde el cockpit me llama y me dice -"el mes que viene me caso! Tenía 22 años. Su novia, era una joven bióloga, que conoció en Bariloche, en la Universidad donde estudiaba Acuicultura. Ellos me dieron mi primer nieta, Ailín, luego nació Pablo, su segundo hijo y hoy llevan casi cuarenta años de matrimonio.

René, mi segundo hijo fue el gran compañero de mi esposa. Era un pequeño travieso y eso le era inocultable. Bastaba ver su cara y observarlo actuar un rato. No pasaba mucho tiempo y ya había cometido alguna pequeña o no tan pequeña fechoría. Eso lo divertía, y aunque nos costara admitirlo nos divertía también a nosotros. Era muy simpático, siempre estaba de buen humor y sus intervenciones nos a todos nos alegraban. Sumamente inteligente, lo que en algún grado lo perjudicó, ya que nada le costaba. No necesitaba de la disciplina ni método para estudiar y eso lo llevó a ser en alguna manera desordenado y a esforzarse sólo lo necesario para alcanzar sus objetivos.

Estudió en la Universidad del Comahue en Cinco Saltos y se recibió de ingeniero agrónomo. Se casó y tuvo dos hijos, Santiago que es Chef profesional y Federico, quien descolla como rugbier profesional. Fue un muy querido profesor en varias escuelas y falleció en el año 2017 dejando un gran vacío. Toda la familia lo extraña sobremanera.

Vilma fue otro pequeño terremoto que seguía a René por donde éste anduviera, juntos se potenciaban y pasó a ser su gran compañera de juegos y aventuras. Muy extrovertida y emprendedora perdió a su esposo en un fatal accidente y debió afrontar junto a sus hijos Roy, Nadia y Lucas una nueva vida en la que nada resultaría fácil, especialmente en un país como éste, donde los que están fuera del sistema político o formal, deben esforzarse excesivamente para lograr sobrevivir o progresar en base exclusivamente a sus capacidades.

Pero esto puso a prueba sus dotes como madre para sacar su familia adelante, y cuando la visito me recuerda mucho a mi esposa, en sus gestos, en su hablar y hasta físicamente se parece mucho a ella.

Luego llegó Raquel. No programada. Pecky no estaba bien de salud y los médicos le sugirieron interrumpir su embarazo. Ella se negó rotundamente y hubo de someterse a un reposo absoluto para llevar a buen término la gestación.

Raquel fue la típica hija menor. En la que los padres y los hermanos prácticamente comparten su crianza. En apariencia muy mansa pero de una férrea personalidad. Logró todo lo que se propuso. Siguió los pasos de mi esposa y abrazó el magisterio con absoluta pasión. Dedicó toda su vida a la docencia y también, junto a su esposo, a la causa cristiana.

Tuvo dos hijos. Elizabeth, quien me dió dos bisnietas, y Cristian. Pero con ellos ya adolescentes, Dios puso en su camino a Jemima, una nena recién nacida, con 90 % de discapacidad y con un pronóstico de vida de unos pocos meses. Rechazada por su madre, víctima de una violación, decidieron darle el amor que necesitaba por el breve tiempo que pasara aquí en la tierra. Contra lo esperado y previsto por los médicos, Jemima vivió cinco años y fue integrada completamente a la familia.

Raquel lo cuenta así:

Cómo llegó Jemima a nuestros corazones

En una reunión unida de iglesias se anunció que había una niña abandonada de 50 días con un pronóstico de no más de un año de vida.

Por la noche nuestros hijos, Ely de 15 y Cristian de 14 ,una vez en casa nos preguntaron qué es lo que íbamos a hacer, ya que ellos estarían dispuestos a recibirla. Fue así que nos pusimos en contacto con médicos, asistentes, enfermeras y fuimos a conocerla.

En ese momento la amamos con todo nuestro corazón, a pesar de sus ojitos cerrados, sus convulsiones, su carita hinchada, su olor de hospital. A los dos días comenzamos a alimentarla y cambiarla, yendo a neonatología cada tres horas .las enfermeras se sorprendían porque decían que Jemima nos esperaba, siendo que nunca había manifestado nada.

Cuando cumplió los dos meses la trajimos a casa.Jemima es producto de una violación incestuosa, fue rechazada desde la concepción. Padece una disfunción neurológica severa, con una discapacidad de un 90 %, fisura palatina, sin reflejo de succión por lo que se alimenta con sonda. Además tiene piebot bilateral, es hipotónica y ahora tiene un principio de escoliosis.

No ríe ni llora, no mueve sus músculos voluntariamente y es extremadamente convulsiva, por lo que toma tres drogas diferentes, así convulsiona tres o cuatro veces por día. Ha llegado a hacerlo durante cinco días en forma contínua. A medida que pasa el tiempo se le dificulta mas la respiración, porque no expulsa la mucosidad y porque las drogas le relajan el sistema respiratorio. Ese es el panorama de su estado físico.

Pero lo tremendo es que a pesar de los pronósticos médicos,"no vive más de un año", "nunca abrirá los ojos", "no los va a reconocer", etc. Jemima es con sus ojitos lo más expresivo que hallamos visto. Mueve una piernita para demostrar alegría, intenta llorar y además cuando quiere que la alcemos hace falsas convulsiones hasta que logra su objetivo.

Nos ha enseñado a depender de Dios al 100%, a festejar cada pequeño progreso, a valorar más la vida porque ella es una luchadora nata. Se ha ganado el amor de tíos, abuelos, primos y amigos.

Nuestra hijita ya no està màs entre nosotros ni con nosotros. Está en un mejor lugar, en "su" lugar, el que Jesùs le tenìa preparado junto a El, desde hace tiempo.

Allì no hay llanto ni dolor. Es un lugar lleno de la Presencia de Dios donde ella està completa, no le falta nada, no tiene que ser aspirada, ni tomar medicaciòn de ningùn tipo, ella està perfecta, està en la Presencia Amorosa de su Padre Celestial.

El domingo 9 de noviembre de 2008, exactamente a las 20.05 Jemima dejò de respirar. El certificado del mèdico dice "paro cardiorespiratorio". Justamente cuando estàbamos a punto de darle su medicaciòn, no fue necesario ya que repentinamente sus latidos cesaron. Llamamos inmediatamente a su pediatra y amigo, el doctor Flavio Romano quien luego certificò su fallecimiento.

Antes, la tomamos en nuestros brazos y a pesar de las làgrimas, nosotros sus papàs y su abuela, cantamos:

"El Señor, es mi pastor nada me faltarà. El Señor es mi pastor en pastos delicados Él me harà descansar. Junto a aguas de reposo me pastorearà confortarà mi alma. Me guiarà por sendas de Justicia por amor de su nombre..." (Salmo 23).

Tal como su mamà le habìa rogado a Dios sucediò. Que ella parta sin sufrimiento y en medio de las alabanzas.

Raquel Wegrzyn http://jemimavictoria.blogspot.com

A nuestros cuatro hijos, se nos sumó otra hija. Ésta del corazón.

Rosita llegó a casa con cinco años luego de un hecho traumático. La muerte de su padre biológico en un lugar aislado, y aún siendo tan pequeña debió caminar una larga distancia para pedir ayuda.

Tuvo una infancia temprana complicada y quizás eso moldeó su carácter y le dio una firme impronta a toda su vida posterior, pues es un ejemplo de fortaleza, de convicción, perseverancia, disciplina, y sobre todo amor, por quienes la rodean y por lo que hace.

Al principio estaba muy callada, aparentemente sumisa hasta que dos días después estalló en un llanto imparable. Mi esposa me dijo que debíamos dejar que se libere. Había estado conteniéndose y necesitaba aliviar toda su angustia. A partir de ahí, liberó su carga y se transformó en nuestra hija y en hermana de nuestros hijos.

Se formó un gran lazo entre nosotros y mi esposa la quería tanto que albergaba el temor de que su madre biológica algún día hiciera un reclamo de tenencia. Pero finalmente hablamos con ella y nos autorizó a darle mi apellido y a adoptarla formalmente con todos los derechos de un hijo de sangre.

Rosita estudió y se recibió de maestra, como lo había sido mi esposa, y al poco tiempo me dijo que quería entrar en la Fuerza Aérea. No me gustaba la idea.

Me costaba tener que aceptar que ella tuviera que pasar por cierto abuso de disciplina como los que yo había pasado. Y en mi formación no me agradaba la militarización de las mujeres. Consideraba que su rol de maestra era mucho más adecuado.

Pero si bien estaba buscando mi aprobación, la decisión ya estaba tomada. Estaba dando pruebas de su carácter. Iría a la escuela de enfermería de la Fuerza Aérea. Se fue a Ezeiza, se recibió y obtuvo el primer grado de suboficiales.Su primer destino fue el hospital aeronáutico en Buenos Aires, donde fue recibió una sólida formación. Luego de algunos años se puso de novia con un oficial enfermero, Marcelo Palandri, que luego sería su esposo.

Marcelo nos visitó en Esquel y nos cautivó inmediatamente. A mi entender sólo tenía dos defectos, era cordobés y de boca, pero su buen humor provinciano, bonhomía y actitud de hombre de bien nos llevó a bendecir inmediatamente a esta pareja que ya había decidido casarse.

Pero para ello había que sortear un problema. Por las normas militares imperantes no podían contraer matrimonio siendo ambos de la Fuerza. Uno de los dos debía renunciar a su carrera.

Marcelo era enfermero universitario y en Esquel podría tener trabajo, ya que necesitaban a alguien de su perfil, por lo que él sería quien pediría la baja, para tranquilidad de Rosita que quería seguir siendo militar.

Mi hija me pidió que interceda ante el comodoro Salas, Jefe de la Región Aérea Sur, para facilitarle el traslado a Esquel, pero se lo dieron a Comodoro. Años mas tarde pudo venir a Esquel y Marcelo y Rosita se casaron.

Durante muchos años trabajó en el área sanidad. Pero cuando se creó la nueva administración aeronáutica, pasándola a la órbita civil, Rosita hubo de transferirse a la ANAC, la nueva administradora de la aviación civil, hizo el curso de Jefe de Aeródromo y fue durante un tiempo la segunda autoridad del aeropuerto de Esquel.

Como fruto de su matrimonio nacieron Selenne, Bianca y Marcos. Una hermosa familia golpeada en el 2017 por un accidente que a Marquitos le costó la vida a sus tempranos 14 años.

Perdí entonces a mi nieto, ella perdió su hijo, pero la fe, la fortaleza y el estoicismo de esta familia les permitió seguir adelante y continuar siendo lo que fueron siempre, un ejemplo de vida.

ENCERRADO EN CHOLILA

Mi hijo René tenía una moto, y ya había tenido algunos accidentes, uno de ellos contra un camión que lo lastimó bastante. Decidimos entonces comprarle un viejo citroen 2CV, mas seguro y aprendería mecánica para mantenerlo.

Para probarlo me vine hasta el lago Cholila. Lo dejé del otro lado del río y procedí a ordenar el puesto que aquí teníamos. Pero comenzó a llover, y la lluvia siguió por varios días.

Los ríos y el lago comenzaron a crecer por lo que crucé la pasarela y llegué hasta el auto para trasladarlo a una zona mas alta. Ya había tenido una experiencia similar años atrás. En esa oportunidad el río se llevó el puente colgante y sólo pude salir a caballo muchos días después.

Ahora pasaba lo mismo. Los ríos crecieron, el lago inundó casi toda la pista y trajo muchísimos palos. Había agua por todos lados lo que me limitaba en mis movimientos, tenía que estar recluido en el puesto esperando que el agua baje.

Finalmente dejó de llover, pero los caminos estaban cerrados por el agua y yo ya no tenía comida. Fui a ver a mi vecino, Alejo Leal y me prestó un caballo que preparé para ir al día siguiente en busca de provisiones.

Esa noche estaba mas tranquilo, ya no molestaba la lluvia en el techo y sabía que al día siguiente tendría comida. Me sumí en un profundo sueño, pero en mitad de la noche la cama se empezó a sacudir con violencia, las cosas se caían y en ese despertar lo primero que me vino a la mente fue una advertencia que me había hecho el papá biológico de Rosita.

Me la había encomendado cuando sintió que su muerte estaba cercana, y me dijo que si no cumplía iba a volver a sacudirme la cama. Cuando todo se calmó y ya despierto me descubrí increpándolo, Rosita era mi hija, ya era una señorita y estaba terminando la escuela secundaria. Yo había hecho honor a mi promesa.

Ya no pude dormir, así que apenas amaneció ensillé el caballo y partí para el pueblo reflexionando sobre lo que había sucedido. Apenas llego a la proveeduría "La Caprichosa", Cristina Danelón, la dueña, me saluda sonriente: - "Cómo anda Don Roy? ¿Cómo se sintió el temblor allá en el lago Cholila…?"

UN RARO AERONCA

No hacía mucho tiempo había perdido a mi esposa. Encontré en el vuelo un refugio a mi tristeza, por lo que aprovechaba cada oportunidad que tenía para hacerlo.

Un día me llamó Agustín Morán, dueño del diario Esquel. Había comprado un avión aeronca 7FC Tri-Traveler y me pedía que se lo trajese a Esquel. Yo no tenía idea de que avión era, pero le dije que sí enseguida. Estaba en un taller de Buenos Aires y le habían avisado que estaba listo.

Me dio dinero para pasaje y combustible y salí para la capital. Al día siguiente fui a ver el avión. Era bastante extraño. Similar a un piper Cub pero en lugar de tener tren convencional tenía tren triciclo. En realidad, la mayoría de los aeroncas habían sido diseñados para tener un tren principal y una ruedita en la cola. Este resultaba un poco extraño.

No tenía bastón de mando. En su lugar un volante redondo similar al de un automóvil y un instrumental bastante pobre.

Hablé con los mecánicos y les pregunté quién lo volaba para darme alguna información y que me acompañara en una suerte de adaptación, pero no tenían idea. Hacía mucho que les habían dejado el avión y sólo sabían que alguien vendría de la Patagonia a buscarlo.

Lo sacamos afuera y lo pusimos en marcha. Ví que todo funcionaba y me fui a la pista. Lo estuve carreteando un poco para familiarizarme con el avión. Finalmente fui hasta la cabecera y le dí potencia para el despegue. Era fácil de volar y lo aterricé sin problemas.

Lo dejé afuera listo para salir al día siguiente, pero se largó a llover y por varios días no pude salir. Aproveché a buscar información sobre el avión pero no había manuales. Pero logré averiguar que era un Aeronca E7 fabricado por Amerivan Champion, que a diferencia de los fabricados por Aeronca Aircraft era ésta una versión con largueros de aluminio, no como los originales que eran de madera.

Durante mi estadía llamé a un amigo. Al preguntarme que hacía en Buenos Aires le conté del motivo de mi viaje y de mis planes de regreso. Al saber que volvía solo me pidió de acompañarme. Intenté disudirlo ya que no conocía el avión, que era muy pequeño, que el viaje era largo, y que implicaba una aventura. - Eso es lo que me gusta! Me dijo. Y que al día siguiente estaría listo para volar conmigo.

Salimos de una pista bastante anegada y el vuelo transcurrió bien por mas de dos horas. Cambié de tanque y al rato el motor se detuvo. Intenté volver a arrancarlo pero me dí cuenta que no tenía una gota de combustible. Busqué entonces donde aterrizar. La ruta no era opción, el tránsito era permanente así que opté por un campo en un costado. Estaba lleno de animales vacunos, pero por suerte pudimos esquivarlos y aterrizamos en una superficie muy pareja sin consecuencias para el avión o para nosotros.

Lo primero que hice fue revisar los tanques. Efectivamente estaban totalmente vacíos aunque según los mecánicos podría haber volado entre 5 y 6 horas.

Debajo de la tapa del tanque de nafta encontré una pequeña fisura. Ante la depresión que se produce en la parte superior del ala al pasar el flujo de aire por encima, se produjo una succión que en poco tiempo nos vació el tanque. Afortunadamente siempre llevo una pequeña caja de herramientas, y entre los elementos que nunca me faltan están los pomitos de poxipol.

En breve el avión quedó listo para volar otra vez y por mas de 20 años con la misma tapa reparada.

Pero no teníamos combustible. Fue oportuna la aparición de un gaucho a caballo. Le pareció raro que aterrizara un avión en el campo que él cuidaba ya que no tenía pista. Nos dijo que estábamos cerca de Guaminí, y que a unos kilómetros había un ingeniero agrónomo que fumigaba. Tenía al lado de su casa un campo de aterrizaje y un galpón donde guardaba su avión.

Con las referencias dadas por el hombre de campo fuimos hasta donde nos indicó. Mientras tanto él sacaría los toros del campo para que pudiéramos despegar sin problemas.

No recuerdo el nombre del ingeniero – piloto, pero nos recibió con muchísima amabilidad, nos auxilió, nos dio combustible, nos ubicó y nos aconsejó cómo proceder una vez despegados. No teníamos suficiente dinero de contado para pagarle el combustible, pero tomamos su dirección y apenas llegamos a Esquel le di los datos a Agustín para que le transfiera.

El viaje continuó, pero era pleno invierno y los días eran cortos. En ese tramo hubo bastante viento y el pequeño avión lo sentía. Mi plan era llegar a Río Colorado donde haría una escala, pero comencé a sospechar que la brújula no indicaba bien, ya que las referencias no se correspondían con lo que esperaba ver.

Apareció una población pero donde debía estar la pista no estaba. Al otro lado del río debía haber otro pueblo, La Adela, que tampoco estaba. Dimos unas vueltas y vimos un trazado que insinuaba ser un campo de aterrizaje. Al costado un palo y una manga tirada en el suelo, desteñida y arrugada, pero me confirmó que eso era efectivamente una pista.

Aterrizamos. La supuesta pista era muy áspera, evidentemente no estaba en uso. Llena de irregularidades, con un alto pastizal en algunos sectores y pequeños matorrales. Sentimos que el tren de aterrizaje golpeaba muy fuerte y parecía que se iba a romper.

Una vez que bajamos la velocidad, carreteamos hasta el edificio y vimos que estaba abandonado, pero al rato apareció una persona que nos comentó que esa pista había sido de YPF, que se habían retirado y nunca mas se había usado. Estábamos en General Conesa, Río Negro.

Nuevamente encontramos a alguien que, sin conocernos, nos ayudó. Los tanques tenían el combustible calculado, no habían perdido nada y sólo faltaba lo que habíamos consumido. No obstante, necesitábamos para continuar el vuelo. Nuestro anfitrión nos llevó hasta el pueblo, compramos dos bidones, le cargamos nafta súper suficiente como para llegar a San Antonio Oeste y nos llevó hasta el avión. No nos quiso cobrar, estábamos muy agradecidos y le dejamos los bidones y parte de la nafta.

Yo quería llegar a San Antonio, cargar aeronafta y revisar completamente el avión. Estando ubicados y ya en Patagonia me sentía mas tranquilo. Nuestro destino luego sería Puerto Madryn donde nos esperaba Agustín Morán que quería acompañarme en la última etapa del viaje.

Mi amigo Solanas se sintió muy aliviado ante la perspectiva de ser reemplazado. Había estado muy callado y me confesó que estaba intranquilo y asustado. Cuando le hablé de aventura lo tomó como algo divertido, pero la incertidumbre, el no llegar a los aeropuertos previstos y la turbulencia lo habían desanimado.

Recorrimos lo que antaño había sido una pista y marcamos una trayectoria donde el suelo era más parejo, sin arbustos ni pastos altos. Despegamos y llegamos en breve a San Antonio. Por fin una pista de verdad. Revisé el avión y sólo le encontré pasto donde no debería haber. Después de cargar combustible salimos para Madryn donde llegamos bastante temprano.

Le agradecí a Solanas su compañía. Habíamos volado 7 horas netas en tres días con varios inconvenientes. A pesar de que el primer día dejó de disfrutar, en ningún momento se quejó e intentó ser una buena compañía. Luego se tomó un avión, (un avión de verdad) y meses mas tarde me llamó desde El Chaco, donde se había instalado y me invitaba.

Esa noche pernoctamos en Puerto Madryn. Agustín estaba contento de conocer su avión y ansioso de volar. Lo dejamos listo para salir lo mas temprano posible al día siguiente.

Luego de desayunar partimos hacia Paso de Indios. El viento de frente era bastante fuerte y sabíamos que teníamos que hacer combustible a mitad de camino. Había una pista en mal estado a la que rara vez le pasaban la máquina porque nadie aterrizaba allí. Creo haber sido el último y en esa oportunidad pinché una goma con una planta de largas espinas.

Esta vez aterrizaría en la ruta. Así lo hicimos y llegamos carreteando hasta el surtidor. Lo estacionamos y Agustín le indica al despachante que lo llene mientras tomábamos un café. Desde la ventana mirábamos como el pobre muchacho daba vueltas alrededor del avión buscando la tapa de combustible.

La broma duró poco porque salí inmediatamente para ayudarle.

Nuevamente despegamos, pero el viento arreciaba y comenzó a nevar. Esto nos obligó a volver a aterrizar en la ruta. Apenas habíamos hecho 100 km. Bajamos en una larga recta en Pampa de Agna donde había otra estación de servicio. Acercamos el avión hasta el edificio y con la ayuda del empleado de la estación lo amarramos en el lugar mas reparado. El viento y la nieve volada sacudían el avioncito en su bautismo patagónico.

El empleado no tenía muy claro que hacer con nosotros. Obviamente nuestra intención era acomodarnos como pudiéramos en el lugar y esperar el día siguiente para continuar el vuelo si el tiempo mejoraba. Él vivía en Paso de Indios y venía todos los días a atender la estación. Luego de conversar un rato lo reconoce a Agustín como su maestro de una escuela en Epuyén y el ambiente se distiende mucho. Nos ofrece llevarnos a Paso de Indios a un hotel en su auto y traernos al día siguiente.

No nos atraía la idea de dejar el avión atado al borde del edificio, pero quedarse implicaba dormir en el suelo, sin abrigo y estábamos muy cansados, con mucho frío, hambrientos y la tentación era muy grande. Decidimos ir a Paso de Indios.

En el hotel se juntaban las autoridades del pueblo, comisario, Juez de Paz y otros. Nos presentaron y después de contar las alternativas del viaje, cenamos y jugamos al truco hasta la madrugada.

A la mañana estaba todo blanco. Una nevada de entre 5 y 8 cms había caído en la zona. Nuestros nuevos amigos ya habían averiguado que en Esquel no había nevado y el comisario dispuso un vehículo de la policía para acercarnos hasta la estación de Pampa de Agna.

La nieve sobre las alas se había congelado, por lo que nos tomó unas dos horas preparar el avión para salir, calentando agua y volcándola sobe todo el avión. Por otro lado la meteorología estaba perfecta, calmo, el cielo azul y sin ninguna nube. Por seguridad lo pusimos al sol y esperamos que se seque bien antes de partir.

Despegamos en la ruta con nieve y el vuelo hasta Esquel fue de un placer absoluto. Luego de aterrizar planeamos hacer varios vuelos de instrucción / adaptación. Morán quedó finalmente habilitado para volar su avión.

UNA AVENTURA PATAGÓNICA

CON ROY WEGRZYN

(Memorias de un viaje accidentado).

Por Jorge Solana.

Mi entrañable amigo Roy Wegrzyn ya era una leyenda desde mucho antes que yo lo conociera.

Mecánico de Avión retirado de la Fuerza Aérea Argentina, titular del Servicio Meteorológico de la Universidad Nacional de la Patagonia de la Ciudad de Esquel, Piloto Civil, Instructor de Vuelo, Instructor de Vuelo en Cordillera.

También fue Comandante de Aeronave de los Vuelos de Observación de la, gracias a Dios, frustrada guerra entre Argentina y Chile, poniendo a algún que otro Coronel en su lugar. Co-descubridor de las Cascadas del "Vodudahue" (Voz indígena que significa algo así como " Agua fría que corre tapada"), ya nombradas en los escritos del cura Menéndez.

Por varios años fue Director Operativo de los eventos denominados "Bajadas de los Lagos de Chubut". Intrépido explorador de nuestra cordillera de los Andes, junto a su insustituible compañero Quelo Arriola, supieron descubrir y ponerles nombre a innumerables accidentes orográficos, así conocidos en la actualidad. Para ejemplo, la cerrada mina de oro Los Huemules, cuyo nombre deriva de su ubicación en el llamado "Cordón Huemules, denominación dada por estos Aventureros.

Oriundo yo de Ciudad de Buenos Aires, nos conocimos allá por 1984, cuando fue a recibirnos al Aeropuerto de Esquel, en la provincia del Chubut, brindándonos él y su familia la mayor hospitalidad, guía y apoyo.

Mi buen amigo ejercía la función de Instructor de Vuelo del Aeroclub de Esquel, entre otras actividades. Así que, en lugar de prosperar la misión turística-comercial que yo promovía, atesoré una hermosa amistad y retorné a mis pagos.

Volví a Visitarlo en reiteradas oportunidades, a cuál más memorable y enriquecedora. Tuve el privilegio de ser su acompañante y colaborador en su misma canoa, en su calidad de Director Operativo de varias ediciones de la Bajada de los Lagos de Chubut, Evento organizado por La Universidad Nacional de la Patagonia.

Una mañana de otoño de 1995 recibo una llamada de mi amigo Roy Wegrzyn para avisarme que vendría el mes siguiente a Buenos Aires para llevar un avión a Esquel por encargo del comprador de un instruyendo suyo, el Sr. Agustín Morán, Director del diario El Oeste de Esquel.

Deseoso de participar me ofrecí a acompañarlo en su travesía, pero me respondió que muy probablemente lo haría su hijo Daniel, otro "Personaje", digno heredero de sus genes, dicho con mucho respeto y admiración, piloto también, y Director por aquel entonces del Ente de Piscicultura en San Carlos de Bariloche, entre otras "anomalías". Ello puso una nota de alegría en mi semblante pues podría ver a mi amigo y compartir algunas horas con él, lo cual como siempre sería enriquecedor y "puro disfrute" para mí. También me permitiría corresponder en parte a tantas atenciones y gentilezas recibidas

En efecto, un buen día del mes siguiente, ya alojado él en casa de su hermana en el porteño barrio de Almagro, me llama por teléfono y con su campechanía característica me dice: "Mirá ché, el Dany no pudo venir así que si querés y podés me gustaría que me acompañes". Recuerdo que mi tardanza en aceptar orilló las 18 milésimas de segundo. Por supuesto que nos reunimos para matear y luego también para cenar en tanto me instruía y ajustábamos todos los detalles.

Le recordé mi condición de Radio aficionado por si de algo servía; entonces me pidió que llevara mis equipos de comunicaciones pues nos ayudaría a ubicarnos geográficamente pues el avión carecía de instrumental al efecto. También me advirtió de llevar mucho abrigo, sogas y un bidón para facilitar las necesarias recargas de combustible.

Mi plan era acompañar a mi amigo y asistirlo en la travesía que estimaba él rondaría en los 3 días hasta Esquel, disfrutar luego 3 o 4 días a mis amigos el hermoso entorno, y retornar a Bs. As. donde debía celebrar una reunión de cierta importancia, previamente acordada; así, disponía de unos 10 días aprox.

Al día siguiente lo pasé a buscar y fuimos hasta el Aeroclub de San Justo, Prov. de Bs. As., donde estaba el avión. Una vez allí Roy lo inspeccionó, lo voló y cuando aterrizó puntualizó algunas cosas menores y exigió se le reemplazaran las bujías pues su funcionamiento era deficiente, lo que prometieron hacer en nuestra presencia. Al día siguiente a medida que yo des-estuchaba y observándolas les alcanzaba las bujías, fueron reemplazándolas. Dejando el avión preparado y todo listo nos retiramos.

A las 5:00 de la mañana del siguiente día pasé a buscar a Roy por casa de su hermana, de la que nos despedimos y emprendimos el camino hacia el Aeroclub para comenzar la travesía. Allí nos informaron que debido a las condiciones meteorológicas el Aeropuerto de Ezeiza no autorizaba sobrevuelos en toda su área de influencia. Permanecimos allí toda la mañana y después de varias consultas se concluyó que no podíríamos volar.

Tal situación de madrugones, preparativos e idas y vueltas se repitió durante 2 días más. El último día finalmente obtuvimos autorización, subimos al avión y Roy lo ubicó para el despegue.

Levantamos vuelo en dirección a Morón pues había que rodear el área Ezeiza, y Roy comenzó a preguntarme dónde estábamos, cosa que yo no podía satisfacer pues desconocía el conourbano desde el aire. Intuitivamente fuimos rodeando dicha área en dirección a la ruta nacional N° 3, pero sin ayuda. Volábamos a vista y no sabíamos si estábamos bien orientados. Cuando ya habían pasado unas dos horas y media de vuelo y sospechando estar desviados, Roy decidió bajar unos metros para visualizar la ruta sobre la que íbamos, y cartel publicitario mediante, descubrimos que estábamos en la localidad de Saliqueló, sobre la ruta 205. Deberíamos corregir el rumbo más hacia el Este para volar sobre la Ruta Nacional N° 3 y así lo hizo Roy.

El Avión resultó ser un Aeronca Champion de unos 40 años de antigüedad, dos plazas y doble comando: adelante un volante y atrás una palanca como los Cazas de la Segunda Guerra Mundial. Años atrás, en una de las tantas visitas a Esquel, sobrevolamos la ciudad con un avión más moderno de cuatro plazas. Incluso Roy me convidó conducirlo un rato a prudencial distancia de los cerros, antes de bajar. No recuerdo la marca pero lo disfruté mucho. Muy maniobrable, volaba bien a mi entender.

Este otro, en cambio, era algo más rudimentario, cero confort, con transmisión entre los mandos mediante cables de acero a la vista, como lo certificaría yo unas horas más tarde. También tenía dos indicadores de cantidad de combustible: uno de aguja en el tablero y uno de nivel ubicado en el lateral derecho, sobre nuestras cabezas.

Cada tanto observaba yo su lento decrecer. El motor funcionaba normalmente. Habrían transcurrido unas 4 horas de vuelo, ya con muy poco combustible según ambos indicadores, cuando el motor comenzó a fallar. Ambos indicadores marcaban cero combustible.

Estábamos sobrevolando las famosas Encadenadas con el motor rateando cada vez más. Alcanzo a divisar la ruta serpenteante entre dos lagunas cuando Roy gira un cuarto su cabeza y con su "flema" me dice: "Me parece que vamos a tener que bajar, ché!".

A nuestra derecha Roy le apunta a un camino de campo con algunos postes de energía eléctrica y al inclinarnos el motor se regulariza por lo que el piloto retoma el rumbo.

A poco el motor se detiene definitivamente por lo que urge tomar tierra lo más suave y rápido posible. Roy divisa un campito y allá dirige el avión; lo orienta adecuadamente y aterriza casi sin sobresaltos, deteniéndonos a unos escasos 5 metros. de una línea de contención de ganado tipo "Boyero" con su escasa corriente pero altísima tensión; lo hizo cerca de la ruta, como me indicó, "que siempre conviene".

Estábamos oteando cuando aparece un gaucho, nos saluda y nos dice que ya venía él oyendo el "rateo", y que estábamos en Guaminí. También nos dijo que unos metros más adelante cruzando la ruta había un ingeniero que tenía un avión y una cancha pero que él vivía en el centro de la ciudad y hacía allí nos dirigimos.

Preguntando por él nos informaron que se encontraba ausente, así que le dejamos un mensaje para que se comunique y nos hospedamos en un pequeño hotel. En la tarde, al volver de su trabajo nos contactó y nos reunimos en su casa. Le explicamos la situación y nuestra necesidad.

Al día siguiente nos pasó a buscar, nos llevó al avión mientras nos explicaba que en su condición de Ing. Agrónomo hacía asesoramiento y Aero-Aplicaciones con su avión. Ya en el lugar nos alcanzó un bidón con combustible y nos invitó a cruzar el avión a su taller. Entonces Roy cargó combustible, arrancó el avión, despegó de ese anfractuoso terreno, cruzó la ruta y lo depositó suavemente en la cancha de nuestro benefactor.

Este gaucho sacó su avión de su taller, nos ayudó a introducir el nuestro, se puso el overol, levantó las capotas y sacando las bujías observó que estaban totalmente descalibradas producto de las falsas explosiones y nos enseñó cómo con una pequeña Mecha de 3,5 mm él calibraba todas las bujías siempre. Así lo hizo; limpiamos el filtro de combustible que estaba estaba sucio. Llenó nuestros tanques de combustible y cuando ya casi anochecía sacamos el avión.

Cuando Roy lo puso en marcha arrancó excelentemente bien y llamaradas completamente azules salían de sus caños de escape al acelerar el motor.

Este buen amigo que Dios puso en nuestro camino cerca y fácil nos entregó la llave de su taller indicándonos que saliéramos cuando quisiéramos y ahí nos despedimos, agradeciéndole.

A la mañana siguiente bien temprano desayunamos y al salir observamos una densa niebla que lo cubría casi todo. Llegamos al hangar y nos dispusimos a esperar que despejara. A media mañana la niebla había desaparecido lo cual nos permitió ver una capa de nubes muy bajas (en la jerga de la actividad aeronáutica; no había plafond). Me explicaría Roy entonces, que despegar en esas condiciones era muy peligroso por cuanto no sabíamos dónde y si podríamos aterrizar. Así que con frustración nos volvimos a la población y al hotel.

En la tarde charlamos con nuestro buen amigo a quién no le extrañó ver el avión en su parcela. Nos invitó para el día siguiente a una visita de asesoramiento técnico que debía prestar a una hacendada de la zona; de buen grado aceptamos y nos retiramos a descansar. Al día siguiente pasó a buscarnos y conversando amablemente llegamos a destino.

Hechas las presentaciones, Roy hizo gala de sus enormes conocimientos de Botánica específica de la región asesorando ampliamente a la señora, para su satisfacción. Ella preguntaba y Roy respondía con lujo de detalles. El Ingeniero me miró asombrado, abriendo grandes sus ojos; en tanto yo, disfrutando en grado sumo, le susurré: "Sabe un poquito . . . ". La señora, muy agradecida, insistió en agasajarnos con un almuerzo en el comedor privado de la estancia donde ordenó nos sirvieran platos típicos de la zona. A los postres, nos despedimos y retornamos a Guaminí.

El clima por 2 días no varió, dedicándonos a conocer actividades locales para entretenernos. Al tercero habían mejorado aceptablemente las condiciones, así que partimos nuevamente rumbo a nuestro destino.

Apuntábamos a Río Colorado; para esto Roy, que tenía las coordenadas de Guaminí y de Río Colorado orientó el avión apropiadamente y allá fuimos. El motor funcionaba bien y pese al intenso viento avanzábamos satisfactoriamente.

A medida que viajábamos más y más hacia el sur la temperatura iba descendiendo así que de tanto en tanto mi piloto abría un poquito más la calefacción de la cabina, lo que en este tipo de aparatos es muy simple y muy directo, templando el cockpit de inmediato. Pasado el mediodía y conociendo ya algo la autonomía del avión, coincidimos en que ya deberíamos estar viendo Río Colorado, así que intenté conectarme con alguna repetidora cercana, infructuosamente.

A poco divisamos una población y buscando Roy dónde aterrizar, alcanzó a ver un pequeño campito en las afueras de la misma. Así que en un desnivelado terreno, con un caño amarillo de gas en vertical y un vacuno pastando, Roy posó suavemente el avión y lo detuvo.

Estábamos al lado de una fábrica grande con algunas pocas chimeneas humeantes más nada se movía, como en aquélla recordada serie televisiva "Los Invasores"; un silencio absoluto; ni guardias ni vehículos, ni nada.

Cerramos el avión, caminamos unos 200 metros hasta la entrada principal, más todo estaba quieto. Nuestra espera se alargaba. De pronto llega un vehículo y bajan 3 personas que ingresan al edificio y salen otras dos. Rápidamente hablamos con el conductor y nos explicó que era un remís que traía y llevaba al personal de la fábrica a la localidad de General Conesa, y aceptó llevarnos al centro.

Una vez descendidos los operarios, continuamos hasta una estación de servicio donde compré una bolsa para combustible y cargamos toda la nafta del máximo octanaje disponible (95, si mal no recuerdo). Estimando que alcanzaría para llegar hasta San Antonio Oeste que era nuestro próximo objetivo, subimos al auto y nuestro atento remisero nos devolvió al avión, que no se había ido. Haciendo equilibrios y malabares logró Roy cargar un 75% del preciado elemento; el resto se lo llevó el viento que en constante aumento nos "acompañó" siempre.

En virtud de lo escaso del terreno miraba yo el peligroso "caño amarillo" que enhiesto, era nuestro virtual "Fin de Pista". Por supuesto Roy lo superó con exceso y despegamos. Con el rumbo correcto, deriva compensada, divisamos San Antonio a las cinco de la tarde.

Por VHF y vía celular llamo a la torre infructuosamente. Suponiendo que podría haber cambiado su N°, intento a otros de igual prefijo para preguntar, y ¡Hora de la siesta! Sólo 2 respondieron y, sorprendidos nada sabían. Mientras tanto, ya estaba en comunicación radial con un Radioaficionado local, imponiéndolo de nuestra situación. Conclusión, bajamos sin más trámite y estaqueamos el avión lo mejor posible por el fuerte viento.

Estábamos inspeccionando el cerrado y desierto aeropuerto cuándo llegó nuestro contacto radial a buscarnos. Mientras nos llevaba amablemente a la ciudad nos dijo que poseía un gran tanque que ponía a nuestra disposición con el cual podríamos cargar más combustible. Nos acercó a un hotel y nos indicó un restaurante, prometiendo pasar a buscarnos al día siguiente.

Temprano en la mañana se apersonó nuestro amigo llevándonos a una estación de servicio donde llenamos el tanque y el bidón. Ya en el aeropuerto, nos ayudó a cargar los tanques del avión y, agradeciéndole su colaboración y gentileza, le agradecimos despidiéndonos muy amistosamente.

Suelto ya de su manea, trepamos al pájaro " asuzándolo pa'l carreteo". Luego del despegue, pusimos proa hacia nuestro próximo destino que era la ciudad de Trelew, pero siguiendo siempre la costa y manteniendo a la vista las playas y el mar. La fuerza del viento arrachado nos obligó a torcer en casi todo el recorrido la posición del avión para compensar la deriva a la par de una gimnasia cansadora.

Un par de horas más tarde, mi relativamente incómoda posición, entre bolsos, termos con café, equipos de HF y cargadores para éstos, me invitaron a acomodarme. Cuando lo hago, resbala mi bota y rozó algunos de los varios cables con mi bota; el avión corcovea enfurecido, tan breve como inesperadamente, y un Roy sorprendido me pregunta: " ¿Qué pasó? ". "Nada Roy, pateé los cables al acomodarme", le respondí añorando mi serrucho zapallero, y la calma retornó.

Habría transcurrido una hora y media de hermosa travesía cuando mi buen amigo se acomodó en su asiento y bajando su gorra hasta la nariz me dijo con sencillez: Llévalo vos Ché, que voy a dormir un poco" y ahí se quedó quietito, como si durmiera.

Dada mi nula experiencia, con mi palanca de mando llevé el avión lo más estable posible, corrigiendo sin cesar el rumbo para compensar la acción del cada vez más intenso y arrachado viento que ininterrumpidamente nos azotaba. Al cabo de un buen rato y temeroso de cometer algún error, toqué el hombro de mi amigo instándolo a que seguiera conduciendo él.

Así seguimos nuestro derrotero, peleándole al viento, que azotaba. Pasadas las 14 horas, con Trelew a la vista, traté de contactar a Agustín. Después de varios intentos, pude advertirle de nuestra inminente llegada. Desde el aire vimos como éste y su mujer salían a la carrera con rumbo al aeropuerto. Mientras iniciábamos la aproximación final a una pista de verdad, mi piloto le susurró, inclinándose, unas palabras al avión y éste acarició la cabecera mansamente y solito se detuvo. Allí nos esperaba Agustín y señora, comentándonos que cuando finalmente logré despertarlo de su recién iniciada siesta, saltó literalmente de su cama para acudir a nuestro encuentro.

Una vez cumplidos los trámites de rigor, fuimos invitados a almorzar unos frutos de mar para mi particular deleite. Conversando animadamente, desgranaba Roy a Agustín las distintas alternativas pasadas, para la admiración y disfrute de éste.

Entusiasmado, le dice a Roy que quiere seguir él acompañándolo en el cruce de los 600 kilómetros restantes hasta Esquel. Un ominoso silencio cayó como un rayo en nuestra mesa.

Continuamos conversando de temas varios hasta que de pronto Roy le dijo: "Mirá Agustín: acá Jorge ha dejado todas sus ocupaciones para acompañarme; se ha arriesgado y ha colaborado y pasado conmigo en las peripecias que hicieron que ya tengas el avión aquí; me parece que mi acompañante para lo que resta del viaje corresponde que sea él.

A lo expuesto, digno es señalarlo, Agustín asintió con comprensión, disculpándose. Respetuosamente, yo asistía a sus diálogos sin intervenir, mientras sacaba mis cuentas a toda velocidad.

Opíparamente almorzados, a los postres y con el café en camino, dirigiéndome a Roy les dije: _- vean muchachos, este viaje se planeó y preparó con origen en Buenos Aires y destino final en Esquel, pero analizándolo cuidadosamente concluyo en que me he quedado sin tiempo; sin días disponibles para disfrutar a los míos en Esquel y regresar a tiempo para mis compromisos; especialmente una importante e impostergable pactada.

Lo he disfrutado enormemente, pero se ha prolongado demasiado. Por lo tanto Agustín, me parece que te vas a dar el gusto; el que va a acompañar a Roy en el tramo final vas a ser vos.

Nos miramos con Roy, callados nuestros sensentimientos. Acababa de concluir mi especial aventura con mi buen amigo.

Después del café, nos dirigimos al Aeropuerto, y en el mostrador de Aerolíneas Argentinas pedí un pasaje en el próximo vuelo de las 18 horas. Esperaron conmigo hasta que, saludándonos respetuosamente con Agustín y calurosamente con Roy, abordé mi vuelo de retorno. Durante el vuelo, cavilando, comprendí allí el significado de aquel axioma que acuñara Roy: "El avión es el medio más rápido de llegar tarde a cualquier parte". A las 20:30, dos horas y fracción después, ya estaba nuevamente en mi QTH.

Ésta aventura con Roy, una más, había terminado felizmente. Y yo había atesorado una experiencia inolvidable. Tiempo después me contaría Roy algunas dificultades en el tramo final de este hermoso viaje (Cruce Transversal de la Patagonia) con temporal de nieve incluído, que también le demoró algunos días más el arribo a su ciudad de Esquel; pero esa parte de la historia, la contará él seguramente, para mi alegría y satisfacción; cuando él quiera, claro! Con todo el afecto para él; para nuestros hijos y nietos y nuestros queridos amigos que aman la aventura, la naturaleza y, particularmente, la amistad.

A CHOS MALAL

Dany vivía en Bariloche y volaba en un Cessna 180 que muchos años mas tarde sería nuestro. Me llamó a Esquel porque un grupo de norteamericanos quería ir hasta Chos Malal, al norte de Neuquén. El grupo excedía la capacidad de su avión y no había otros en Bariloche.

Fue así que me fui con el Piper Archer hasta Bariloche, aterricé en el aeroclub y luego con ambos aviones nos trasladamos hasta el aeropuerto a recoger a nuestros pasajeros. Uno de ellos estaba muy asustado, había sobrevivido a dos accidentes aéreos y sólo el vernos a ambos pilotos canosos le dio tranquilidad. Era hijo de Ted Turner, magnate de la televisión norteamericana, dueño de la señal CNN y su padre poseía campos en la Argentina.

Apenas despegamos de Bariloche, Dany sacó una cámara de video para filmar mi avión que iba a la par, pero el hijo de Turner le pidió que se concentrara en los controles, que él se iba a ocupar de filmar. Pero ser el hijo del dueño del canal de televisión más importante del mundo no es garantía de ser un buen operador de cámara, y el resultado fue un primer plano constante del borde de la ventanilla del Cessna y esporádicas imágenes del PA28 Archer volando a la par.

El viaje de ida fue muy tranquilo. Dejamos a los norteamericanos en Chos Malal y fuimos con el Cessna a buscar combustible a Cutral Có. Había 40 nudos para el aterrizaje y nos dimos cuenta que en Chos Malal iba a estar peor. Y así era. Aterrizamos con dificultad y pusimos los aviones al reparo de las instalaciones esperando a nuestros pasajeros.

Cuando llegaron por la tarde, sabíamos que teníamos luz suficiente para llegar de día a Bariloche, por lo que una vez listos nos dispusimos a rodar hacia la cabecera en uso, que era la opuesta a la que estaba mas próxima.

Fui con el Archer hasta la cabecera, rodando con un fuerte viento de cola y lo esperé a Dany que iba a salir por delante. Pero el ala alta lo dificultaba y vi que el viento lo giraba y lo arrastraba dejando una marca en el pavimento. Dany decidió salir de la posición en que estaba, con poca pista por delante pero confiado en el fuerte viento de frente y la capacidad stol de su aeronave. Efectivamente, a pesar del peso de sus tres pasajeros y del combustible, apenas le dio potencia se pudo desprender del suelo.

Me le puse a la par enseguida y vimos que una extensa capa de nubes se extendía por la ruta. Pero por debajo la turbulencia era demasiado severa así que optamos por superar la capa y volar por encima con un viento laminar.

Teníamos buena comunicación entre nosotros. Dany tenía un GPS bastante primario pero para la época era un instrumento de avanzada. El viento estaba bastante cruzado y sin referencias visuales no podíamos hacer cálculos de deriva y podríamos ir a parar a cualquier lado. Nos mantuvimos juntos y Dany me guiaba con su navegador satelital.

No faltaba mucho para Bariloche y la capa de nubes continuaba sin fragmentarse. En eso Dany me indica un agujero sobre el río Limay y nos zambullimos en él. El Cessna era más rápido y en el descenso casi lo pierdo, pero ya tenía el río a la vista. Lo seguimos por debajo de las nubes y éste nos llevó hasta Bariloche.

Aterrizamos en el aeródromo Nahuel Huapi y estacionamos frente al hangar del aeroclub. Los pasajeros se bajaron y se abrazaron a los del otro avión. De repente empezaron a gritar y a aplaudir, no sabíamos si era por el susto y la tranquilidad de estar en tierra o porque felicitaban a los pilotos. El que hablaba español nos comentó que jamás habían vivido una experiencia tan intensa. Fueron muy generosos en el pago del vuelo.

RELEXIONES FINALES

Me he levantado temprano pero el día tarda en llegar.

Es invierno, y a estas latitudes los días son cortos y las noches muy largas. Pongo unos palos en el fogón antes de salir para asegurarme de que la cabaña no se enfríe mientras estoy afuera y me reciba en un cálido regreso. Me abrigo, tomo mi Biblia y camino por la pista lentamente hacia el lago.

Mientras me acerco, la grandiosidad del paisaje parece integrarse conmigo.

La helada de la noche parece haber aquietado todo. El lago está muy calmo y desde su superficie se eleva una suave niebla producto del frío de la mañana que parece hacer flotar las montañas.

El fondo se desdibuja, como si estuviera fuera de foco. Es una situación casi irreal, y parece que estoy a punto de transponer el límite de lo terrenal, como si estuviera a las puertas del cielo.

Tengo la sensación de que mi vida está terminando y sólo debo dar unos pasos más para reencontrarme con mi amada esposa a la que cada vez extraño más y siento cada vez más cerca.

Y es una sensación agradable, como la de alguien que ha hecho un largo peregrinar y está ahora llegando a destino.

He disfrutado este camino. Siento que he vivido la vida que quería vivir. Me siento afortunado, bendecido y agradecido a Dios que me ha situado en época y lugar, que me rodeó de afectos y cubrió todas mis necesidades.

Quizás la única gran decepción que tengo es la de que no lograré ver mi país en el lugar que hubiera querido. He sido testigo del fracaso tras fracaso en la gestión de políticos corruptos e inoperantes, en una sociedad dividida, con un gran porcentaje de la población improductiva.

Soy profundamente argentino y esta frustración me acompañó toda la vida. Como militar siempre tuve incorporado el sentimiento patriótico y hubiera dado la vida por mi país. Luego de mi retiro, he intentado involucrarme en política, trabajando desde el radicalismo a partir del surgimiento de un gran líder como lo fue Raúl Alfonsín. Pero los breves avances que el país tenía merced al esfuerzo de algunos pocos, pronto eran vencidos por la mezquindad, el egoísmo, la corrupción, el cortoplacismo y una falta de patriotismo y de visión de país casi incomprensible.

Soy consciente de haber vivido momentos difíciles, algunos muy dolorosos, y que he tenido que buscar el soporte en la fé para poder superarlos.

Quizás uno de los más duros fue el del fallecimiento de mi querida esposa, a sus 62 años, muy joven, dejando truncos algunos sueños, proyectos, el acompañamiento del crecimiento de sus nietos, y en una circunstancia en la que vimos sufrir su cuerpo, con una salud deteriorada y que al momento de su muerte fue evidente una impericia médica que no nos permitió acompañarla y despedirla.

También perdí dos hijos. El primero a muy poco de nacer, que tuvo el impacto de afectar a una pareja muy joven, inexperta y que nos llenó de incertidumbre hacia el futuro en cuanto a si podíamos formar una familia.

Pero Dios fue generoso en ello y nos dio hijos y nietos que no sólo fueron receptores de cariño, sino que eso mismo nos lo retribuyeron en abundancia.

René, el menor de mis hijos varones también falleció muy joven. Promediando los 55 años debió comenzar una lucha contra un cáncer que lo terminó venciendo. Pero en esa lucha nos dio una gran lección, postrado en cama durante tres años sin poder caminar y dependiendo de ayuda externa para toda necesidad, nunca perdió su buen humor,

Pero una mayor lección nos dio cuando debió enfrentar la muerte, con coraje, con calma, con entereza. Hasta último momento hablábamos con él y en plena consciencia nos decía que sólo estaba cerrando una puerta para abrir otra.

Antes de irse, y desde una posición de tremenda sabiduría aconsejaba a sus hijos y sobrinos, esperó que viniera mi hija Raquel, que estaba de viaje y se despidió con una sonrisa, diciéndonos que ya había hablado con su madre y que llegaría para su cumpleaños.

Lo que nunca pude entender fue la muerte de mi nieto Marcos, en un desafortunado accidente de bicicleta cuando recién estaba entrando en la adolescencia. Pero aún sin entenderlo veo cómo mi hija, su esposo y sus hermanas, asumieron ese golpe y siguen adelante.

Siento que toda mi familia está unida bajo el paraguas de la fe en Cristo y eso me da tranquilidad, tranquilidad del reencuentro y tranquilidad en que cada uno de ellos está parado sobre un camino en el que la enseñanza bíblica guía sus pasos, y que los hace seres de bien, honestos y productivos para esta sociedad que tanto necesita de Dios.

Recuerdo entonces una canción que aprendí muy chico en la escuela dominical y que me acompañó toda la vida: "Llegaremos a ese hogar que Jesús fue a preparar, Allí no hay muerte ni pecado, ni dolor ni aflicción. Allí todo es gozo, paz y eterna bendición.

Me siento en el muelle, sobre la orilla del lago, y abro las Sagradas Escrituras en el libro de los Salmos y leo el Capítulo 8:

Señor, ¡qué admirable es tu nombre en toda la tierra!

Ensalzaste tu majestad sobre los cielos.

De la boca de los niños de pecho has sacado una alabanza contra tus enemigos, para reprimir al adversario y al rebelde.

Cuando contemplo el cielo, obra de tus dedos, la luna y las estrellas que has creado, ¿qué es el hombre, para que te acuerdes de él, el ser humano, para darle poder?

Lo hiciste poco inferior a los ángeles, lo coronaste de gloria y dignidad, le diste el mando sobre las obras de tus manos, todo lo sometiste bajo sus pies: rebaños de ovejas y toros, y hasta las bestias del campo, las aves del cielo, los peces del mar, que trazan sendas por el mar.

Señor nuestro, ¡qué admirable es tu nombre en toda la tierra!